네이버
vs
카카오

대한민국 양대 빅테크 기업의 성장 동력과 미래 전략

글로벌 플랫폼
NAVER

네이버

VS

홍성용 지음

카카오

4600만 충성고객
kakao

매일경제신문사

추천사

—
여민수 카카오 대표

대한민국 인터넷 산업의 20년 역사는 카카오와 네이버로 정리된다고 해도 과언이 아닙니다. 두 기업은 쇼핑, 금융, 콘텐츠, 인공지능 등 대한민국 국민이라면 누구나 이용하는 생활 서비스 전반으로 진화하고 있습니다. 대한민국 기업을 넘어 구글과 페이스북, 아마존, 알리바바 등 전 세계 IT 빅테크 기업과도 경쟁하고 있습니다.

'모바일 라이프 플랫폼' 카카오는 '기술과 사람이 만드는 더 나은 세상'이라는 비전으로 일상생활을 둘러싼 모든 것을 연결하며, 누구나 일상의 혁신을 경험할 수 있도록 노력하고 있습니다. 모바일 메신저에서 출발해 독창적인 아이디어와 기술을 통해 새로운 산업과 시장을 만들고 있습니다. 콘텐츠, 포털, 핀테크, 금융, 모빌리티 서비스,

커머스, 인공지능 등 국민의 삶이 더 편리해질 수 있도록 돕는 데 힘을 써왔습니다. 기업과 중소상공인에게 디지털 기반의 비즈니스 기회를 제공하고 창작자와 스타트업 등 다양한 파트너와 함께 성장하고 있습니다.

이 책에는 네이버와 카카오 양대 빅테크 기업의 성장 DNA와 미래 전략 그리고 글로벌을 향한 비전이 충실한 취재를 통해 담겨 있습니다. 무엇보다 경쟁하고 협력하면서 함께 한국의 IT 산업 생태계를 만든 수많은 스타트업의 이야기도 이들의 성장 스토리에서 발견할 수 있습니다. 제2, 제3의 카카오와 네이버를 꿈꾸는 이들에게, 모바일을 넘어선 새로운 기회를 찾으려는 이들에게, 이 책에 소개된 다양한 사례 분석이 새로운 성공 방정식을 찾는 단초가 되길 기대해봅니다.

프롤로그

　네이버와 카카오를 취재하면서 가장 많이 들었던 얘기는 다름 아닌 주식이었다. 코로나19 사태가 장기화되는 와중에 네이버와 카카오의 매출이 폭발적으로 늘고 주가가 급등하면서 사람들은 항상 궁금해했다. "네이버랑 카카오 중에 주식 뭐 사면 돼요?" 단골 질문이었다. 국내 양대 인터넷 기업인 줄은 알겠지만, 이들 회사가 어떤 성장 모멘텀을 가졌는지는 잘 모르겠다는 것이다. 인터넷 기업 가운데 딱 하나의 종목을 산다면 어떤 종목을 사야 할지 늘 고민이 된다고 했다.

　네이버와 카카오는 대중들에게 너무도 익숙한 회사다. 아침에 눈을 뜨면 가장 먼저 접속하는 앱은 카카오톡 메신저다. 새로 온 메시지가 있는지 확인한 뒤 곧바로 네이버 앱에 접속해 하루 날씨를 확인하고 뉴스를 뒤적인다. 네이버와 카카오 없는 하루는 대한민국 사람들에게 상상하기 힘든 일이 됐다. 하지만 이들 회사가 어떤 사업 포트폴리오를 구성하고, 미래를 개척하는지 자세히 들여다본 사람은 생각보다 없다. 단지 뉴스에서 네이버와 카카오라는 이름을 자주 들어서 익숙할 뿐이다.

네이버와 카카오의 과거와 현재, 미래까지 조망하면서 국내 대표 인터넷 기업을 제대로 이해할 수 있는 기준이 있으면 좋겠다고 생각했다. 이 책을 처음 기획한 의도다. 미국의 빅테크 기업인 구글과 페이스북, 아마존, 애플, 넷플릭스까지 이른바 'FAANG' 기업에 대한 분석은 많다. 하지만 국내 양대 빅테크 기업인 네이버와 카카오를 다룬 책이 없다는 것도 집필의 주요 이유였다.

인터넷이 우리나라에 본격 태동한 지 20여 년이 흘렀다. 네이버와 카카오는 대한민국 인터넷 산업의 성장 역사를 고스란히 품고 있다. 두 회사는 코스피 시가총액 10위 내 기업으로 몸을 키웠다. 쇼핑, 금융, 콘텐츠, 인공지능 등 일상생활 전반에 스며드는 서비스로 산업 생태계를 뒤흔들고 있다. 대한민국 인터넷 기업의 두 축인 네이버와 카카오의 전략을 이해하지 못하면, 대한민국 산업 생태계는 단 1mm도 이해할 수 없다. 미래의 인터넷 산업은 그 말 자체가 사라지고, 기반 산업으로서 전 산업의 가장 밑바닥 주춧돌로 자리할 것으로 전망된다. 인터넷 수춧돌 위에 다양한 산업군들이 자신들의 특성을 발현하며 서로 융합하는 형태가 될 것이다.

네이버는 1999년 검색 포털로 출범한 뒤 검색이라는 본업과 검색 인접 영역으로 사업을 꾸준히 넓혀왔다. 쇼핑, 웹툰, 클라우드, 금융 등 신성장 동력을 발굴하고 내부 조직들을 분사시키며 플랫폼 기업의 면모를 발휘하고 있다. 네이버에서 분사해 나온 자회사만 네이버웹툰, 스노우, 네이버클라우드 등 6개다.

카카오는 월간 활성 사용자 수MAU 4,600만 명에 달하는 카카오톡을 기반으로 국내 최대 생활형 플랫폼의 위상을 빠르게 다져가고 있다. 메신저를 넘어 게임, 음악, 택시, 미디어, 쇼핑, 은행 등 대한민국 국민의 생활 곳곳으로 파고들며 몸집을 키우는 중이다. 발 빠른 인수합병 전략으로 카카오의 계열사는 2021년 1월 말 기준 105개까지 늘어났다.

네이버와 카카오는 각자 외형을 키우며 곳곳에서 부딪히고 있다. 쇼핑, 금융, 콘텐츠, 클라우드, 민간인증 등 모든 분야에서 자신만의 색채를 가지고 정면 대결 중이다.

세계 최대 온라인 결제 기업 페이팔의 공동창업자 피터 틸은 성공하는 기업이 갖춰야 할 창조적 독점 역량을 다음과 같이 꼽는다. 기업이 성공하기 위해서는 독자 기술을 갖고 있어야 하고, 규모의 경제로 사업의 덩치를 키울 수 있어야 하고, 이를 통해 사용자가 많아질수록 가치가 높아지는 네트워크 효과를 만들어낼 수 있어야 하며, 고유의 브랜드 전략을 가져야 한다. 세상에 완전히 새로운 제품과 서비스를 만들어 모든 사람에게 혜택을 주는 동시에 지속 가능한 이윤도 만들어야 한다.

　네이버와 카카오가 바로 틸이 말한 성공하는 기업의 요건을 모두 갖춘 곳이다. 네이버와 카카오의 DNA를 장착해 미래 시대 주역이 되고 싶은 당신에게 이 책을 권한다.

차례

PART 01   **콘텐츠, 스토리 → 영상 → 메타버스**

콘텐츠,
스토리 → 영상 → 메타버스

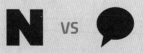

네이버 vs 카카오

네이버,
해외 매출 1등 공신은 네이버웹툰

　넷플릭스 오리지널 드라마 〈스위트홈〉은 2020년 12월 18일 공개 3일 만에 한국을 포함해 말레이시아, 필리핀, 싱가포르, 대만, 카타르, 태국, 베트남 등 총 8개 국가에서 넷플릭스 차트 1위를 차지했다. 홍콩과 페루, 사우디아라비아에서는 2위를 차지했고, 도미니카공화국과 오만, 방글라데시, 아랍에미리트에서는 3위였다. 미국 8위, 멕시코 9위, 프랑스 10위를 기록했다. 〈스위트홈〉은 아시아 지역을 포함해 북미와 남미까지 인기를 누리며 전 세계를 휩쓸었다. 넷플릭스는 "스위트홈은 작품 공개 이후 첫 4주 동안 전 세계 2,200만 유료 구독 가구가 시청했다"고 밝혔다. 2,200만 가구가 감이 안 온다면, 이렇게 생각해보면 곧바로 이해된다. 2014년 개봉한 배우 최민식 주연의

네이버웹툰 〈스위트홈〉을 원작으로 만든 넷플릭스 오리지널 드라마 〈스위트홈〉

사진: 넷플릭스

〈명량〉은 대한민국에서 1,761만 명이 관람했고, 전무후무한 한국 영화사의 관람기록 전체 1위를 차지했다. 그런데 스위트홈은 공개 한 달 만에 2,200만 가구, 즉 최소 2,200만 명이 넘는 사람들이 시청을 했다.

이 드라마의 원작 스토리는 어디서 나왔을까? 넷플릭스 드라마 〈스위트홈〉의 원작은 바로 네이버웹툰이다. 네이버웹툰 〈스위트홈〉은 이미 웹툰부터가 글로벌 히트작이었다. 〈스위트홈〉은 은둔형 외톨이 고등학생 현수가 가족을 잃고 이사 간 그린홈 아파트에서 겪는 기괴하고도 충격적인 이야기를 그렸는데, 2017년 연재 시작 이후 2020년 완결할 때까지 네이버 금요웹툰 상위권을 차지했다. 2020년

10월에는 작품성과 독창성을 인정받아 '2020 오늘의 우리 만화'에 선정되기도 했다. 특히 네이버웹툰 〈스위트홈〉은 영어, 일본어, 프랑스어, 스페인어, 중국어 등 9개 언어로 전 세계에 서비스됐고, 글로벌 누적 조회 수 12억 뷰를 달성하기도 했다.

정리해보면 네이버웹툰 〈스위트홈〉의 성공은 곧 웹툰의 IP(스토리)를 활용한 넷플릭스 드라마 〈스위트홈〉의 성공을 만들어냈고, 넷플릭스 드라마의 성공은 웹툰을 보지 않은 사람들의 흥미를 자극해 다시 원작인 네이버웹툰으로 이끌어왔다. 웹툰 IP에서 시작해 다시 웹툰으로 돌아오는 선순환 구조를 만든 것이다. 네이버 입장에서는 웹툰 IP를 수출하는 것이 곧 다시 웹툰의 독자층을 넓히고 이용자를 증가시키기 위한 최적의 지름길인 셈이다.

웹툰, 웹소설을 잡아야 천하를 얻는다

웹툰과 웹소설을 잡아야 천하를 얻는다. Z세대(1995~2004년 출생자)와 그보다 어린 미래 세대는 웹툰과 웹소설이라는 웹콘텐츠가 일반 활자 기반의 콘텐츠보다 익숙한 세대다. PC 기반의 환경보다 모바일 환경을 토대로 성장했기 때문이다. 네이버 콘텐츠 전략의 핵심은 글로벌 웹콘텐츠(웹툰+웹소설) 시장을 장악해 Z세대와 그보다 더 어린 세대를 모두 포섭하는 것이다. 웹콘텐츠 IP를 기반으로 드라마나 영화와 같은 영상 콘텐츠 제작으로 포맷을 확장한 뒤, 자사의 OTT(온라인 동영상 서비스) 플랫폼인 네이버TV나 넷플릭스, 디즈니플러스 등 여타 OTT 플랫폼을 통해 콘텐츠를 소비하도록 하는 형태가 네이버 콘텐츠 전략의 핵심이다.

웹툰은 한국이 전 세계 콘텐츠 시장에서 처음으로 개척한 장르다. 웹툰의 형식을 만든 당사자는 '다음웹툰'이었지만, 현재 일본을 제외한 글로벌 시장에서의 웹툰 영향력은 네이버웹툰이 막강하다. 2017년 네이버 자회사로 분사한 네이버웹툰은 현재 전 세계 100개국에서 서비스를 하고 있다. 네이버가 해외에서 벌어들이는 수입의 절반을 웹툰이 차지하고 있을 정도다.

네이버웹툰 서비스는 2020년 8월 기준으로 하루 거래액만 30억 원을 넘어섰다. 2019년 8월 하루 거래액 20억 원 돌파 이후 딱 1년만의 일이다. 네이버가 매일 30억 원의 매출을 웹툰을 통해서만 전 세계에서 벌어들이고 있는 것이다.

글로벌 100개국의 2020년 4분기 MAU가 6,000만 명을 돌파했다. 북미 지역에서도 MAU가 1,000만 명을 돌파하면서 본격적인 사업 확장 국면에 진입했다. 한성숙 네이버 대표는 2020년 4분기 실적 발표에서 "현재 웹툰의 북미 이용자 75%가 Z세대다. 이들이 가장 많이 사용하는 애플 엔터테인먼트 앱 랭킹에서 넷플릭스, 틱톡 등과 함께 네이버웹툰이 상위권을 차지하며 큰 사랑을 받고 있다. Z세대는 미국 내 인구 비중이 가장 크고 콘텐츠 소비력이 왕성한 24세 이하의 젊은 층으로 네이버웹툰이 미국에서 장기적으로 성장해나가는 데 탄탄한 밑거름이 될 것"이라고 밝혔다. 실제로 북미지역의 2020년 12월 유료 콘텐츠 이용자 수는 2020년 초와 대비해 3배 이상 늘었다. 구매자 1인당 결제금액도 2배 이상 성장했다.

사실 이 같은 네이버의 글로벌 성장은 이미 예견된 일이었다. 네이버웹툰은 2014년 7월 글로벌 시장에 처음 진출한 뒤 꾸준히 전 세계를 상대로 웹툰 콘텐츠 파워를 늘려왔다. 네이버의 웹툰 사업은 한국 법인인 네이버웹툰, 미국 법인인 웹툰엔터테인먼트Webtoon Entertainment, 일본 법인인 라인 디지털 프론티어Line Digital Frontier로 나뉘어져 있다. 2020년 5월, 네이버는 웹툰 시장을 석권해 글로벌 엔터테인먼트 회사로 도약하기 위해 몸을 정리했다. 먼저 미국 웹툰 법인을 네이버의 국내외 웹툰 사업을 총괄하는 본사로 만들고, 전 세계 웹툰 사업을 총괄하게 했다. 그 아래에 한국, 일본, 중국 법인을 배치했다.

사실 네이버웹툰을 소비하지 않는 사람들은 전 세계인들이 네이버를 통해서 웹툰을 많이 보고 있는 게 과연 맞느냐는 의심을 한다. 하지만 이미 네이버웹툰은 '웹툰계의 유튜브'라는 호칭을 얻었을 정도로 전 세계인의 사랑을 받고 있다.

네이버웹툰 고속 성장의 의미는 네이버웹툰이 글로벌 창작 생태계를 기반으로 국가 간 콘텐츠 유통을 가속화하는 크로스보더 역할을 하고 있다는 데 있다. 전 세계 웹툰 유통의 창구 역할을 하는 것이다. 네이버웹툰은 각 나라의 창작자들이 자국의 언어로 웹툰을 창작하면 세계 각국의 언어로 번역해 전 세계에 작품을 공개한다.

신규 콘텐츠 확보를 위한 신입 작가 모집 프로그램도 활발하게 이뤄진다. 네이버는 미국에서 '캔버스'라는 아마추어 만화가들의 도전 무대를 운영 중이다. 이곳에서 연재되는 작품 수는 연평균 108%씩 성장하고 있다.

웹툰의 IP를 활용한 2차 저작물인 영상 콘텐츠 제작도 글로벌 진출을 위해 바쁜 움직임을 보인다. 한국 작품 〈신의 탑〉, 〈노블레스〉, 〈갓 오브 하이스쿨〉과 같은 네이버의 내로라하는 유명 웹툰 IP는 이미 애니메이션화됐다. 한국과 미국, 일본에서 동시 방영을 계획 중이다. 이 밖에도 한국 작품 〈여신강림〉은 미국, 일본, 태국, 프랑스 등 글로벌 각국에서 인기 순위 상위에 올랐고, 드라마 영상 작업이 진행되고 있다. 한국 작품 〈더 복서〉도 미국, 태국 등에서 인기를 모으고 있다. 이미 전 세계에서 촘촘한 구성으로 이름이 알려진 웹툰을 영상화했을 때 〈스위트홈〉과 같은 선순환 구조를 만들며 파급효과가 전 세계로 커져나갈 수 있다.

─

6,500억 원 써서 사들인 웹소설 1위 업체 왓패드

네이버가 2021년 1월에 보여준 행보는 실로 놀라웠다. 네이버가 자기 자본 10%에 달하는 6억 달러(약 6,500억 원)를 들여 캐나다 웹소설 플랫폼 왓패드를 인수했기 때문이다. 네이버가 직접 투자에 나선 사례는 계속 있었지만, 자기 자본의 10%나 들여 회사 전체를 인수하

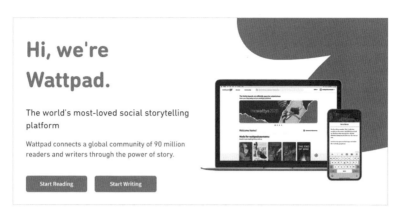

네이버가 2021년 1월, 6,500억 원에 인수한 웹소설 플랫폼 왓패드

는 것은 처음 택한 방식이었다. 네이버는 지금껏 플랫폼 사업자의 영
향력을 확대하기 위해 제휴나 간접 투자 방식을 택한 게 다수였다.
직접 투자 방식을 택할 때에도 금액은 1,000억~2,000억 원에 머물
렀을 뿐이고, 5,000억 원이 넘는 돈은 투입하지 않았다.

왓패드는 2006년 캐나다에서 설립된 전 세계 1위 웹소설 플랫폼
이다. 아마추어 작가가 소설을 올리면, 독자와 직접 소통할 수 있도
록 하는 일종의 커뮤니티형 플랫폼이다. 매월 500만 명의 창작자들
이 10억 편의 스토리를 올리고, 독자들과 소통한다. 대표적인 왓패드
의 로맨스 소설은 〈키싱 부스〉다. 〈키싱 부스〉는 넷플릭스 드라마로
제작된 바 있다. 안나 토드(24세)가 스마트폰으로 왓패드에 쓴 팬픽
〈애프터〉는 무려 15억 번이나 조회됐다.

이처럼 왓패드의 놀라운 성과에 주목한 곳은 네이버가 처음은 아니다. 2018년 중국 텐센트는 왓패드에 5,100만 달러(560억 원)를 투자했다. 왓패드는 북미와 유럽에서 인기를 끈 뒤 필리핀 등 동남아시아 지역에서도 인기가 높아지는 상황이었고, 텐센트 입장에서는 날로 확장해가는 콘텐츠 플랫폼을 잡아야 할 필요성이 컸다.

네이버가 왓패드를 큰 금액을 들여 인수해야만 했던 이유도 마찬가지다. 이 회사는 플랫폼 사이즈를 지속적으로 확장해왔고, 웹소설 분야에서 전 세계 1등을 차지했다. 때문에 네이버는 왓패드의 웹소설 IP를 기반으로 네이버의 콘텐츠 지식재산권 사업의 판을 키우겠다는 계획을 작동했다. 왓패드는 북미와 유럽 등 문화권에 핵심 이용자들이 포진해 있다. 이곳에서 왓패드를 이용하는 이용자 수는 무려 9,000만 명이다. 네이버웹툰 7,200만 명 이용자보다도 2,000만여 명이 더 많다.

왓패드 인수를 통해 네이버는 명실상부 웹콘텐츠의 제왕이 됐다. 웹툰과 웹소설 분야에서 각각 세계 1위 플랫폼을 보유하게 된 것이다. 인수 절차가 마무리되면 네이버는 웹툰 7,200만 명, 웹소설 9,000만 명 등 1억 6,200만 명의 사용자를 가진 글로벌 최대 스토리텔링 플랫폼 사업자가 된다.

네이버는 왓패드 웹소설을 웹툰화하는 것과 같은 다양한 사업을 구상 중이다. 왓패드를 통해 나온 작품 1,500편은 이미 출판물이나 영상물로 만들어진 경험이 있다. 특히 왓패드 사용자의 80%가 Z세대로 구성돼 있어서 글로벌 Z세대에게 검증된 원천 웹소설 콘텐츠를 네이버 웹툰으로 바꿀 수 있다.

네이버는 〈전지적 독자 시점〉, 〈재혼 황후〉 등 웹소설 스토리를 웹툰으로 연재하면서, 웹소설의 웹툰화도 성공할 수 있다는 검증도 마쳤다. 영상 사업을 전개하는 왓패드 스튜디오와 네이버웹툰의 스튜디오엔을 통합해 시너지를 내면 웹툰·웹소설 IP의 영상화도 더욱 활발하게 이뤄질 수 있다.

웹소설 스토리 확보는 곧 '웹툰→영상(드라마·영화)→영상 플랫폼'이라는 3단계 방정식 맨 앞에 웹소설 단계가 추가됐다는 것을 의미한다. '웹소설→웹툰→영상→플랫폼'의 4단계다. 영상을 즐긴 대중들은 역으로 웹툰을 찾아보고, 웹툰을 본 뒤에는 웹소설도 찾아보는 선순환 구조가 완성된다.

한성숙 네이버 대표는 이번 인수에 대해 "스토리를 통해 글로벌 이용자를 즐겁게 하려는 왓패드의 비전이 네이버의 비전과 딱 들어맞는다"고 밝혔다. 김준구 네이버웹툰 대표도 "왓패드를 통해 한층 더 다양한 글로벌 스토리텔링 지식재산권을 확보하게 됐다. 왓패드와의 시너지를 통해 글로벌 최고 수준의 엔터테인먼트 기업에 한발 더 다가설 수 있을 것으로 생각한다"고 설명했다.

한편 네이버는 웹툰 사업의 시장 확대를 위한 보폭을 지속적으로 넓히고 있다. 2021년 4월 인도네시아 최대 종합 미디어 기업 '엘랑 마쿠타 테크놀로지(엠텍)'에 1억 5,000만 달러(약 1,678억 원) 규모의 전략적 투자를 진행한 것이 그 예다. 전 세계에서 스토리를 보유한 곳이면 어느 곳이든 투자를 아끼지 않겠다는 네이버의 복안이 드러난다. 엠텍은 시가총액 103억 달러(약 11조 5,900억 원)의 인도네시아 9위 기업이다. 인도네시아 1, 2위인 공중파 채널을 보유했고, 인도네시아 대표 OTT 플랫폼 'Vidio' 서비스를 운영 중이며, 오리지널 콘텐츠도 제작하고 있다. 따라서 네이버웹툰 등에서 나오는 콘텐츠를 엠텍의 플랫폼을 통해 현지 사용자에게 제공할 수 있다. 이미 네이버는 일본 관계사 라인웹툰을 통해 인도네시아와 태국에서 구글플레이 기준 만화 카테고리 수익 1위를 차지하고 있다.

웹소설 중 인기를 끄는 웹소설은 웹툰으로 만들고, 웹툰을 드라마나 영화, 애니메이션으로 만들게 되면 네이버웹툰은 김준구 대표의 비전인 '아시아의 디즈니'라는 목표에도 한층 가까워질 전망이다.

CJ와의 협업은 한국판 마블의 완성

네이버가 2020년 10월 CJ와 6,000억 원 규모의 지분교환을 한 것도 네이버의 콘텐츠 경쟁력 강화라는 전략이 드러나는 지점이다. CJ는 핵심 콘텐츠 계열사 스튜디오드래곤과 CJENM을 보유했는데, 네이버가 이들과 협력하면 콘텐츠 산업에서 날개를 다는 셈이다.

먼저 네이버의 웹툰·웹소설 IP 기반 드라마 제작이 용이해진다. 2019년 CJENM의 케이블 채널에서 방영돼 인기를 끌었던 드라마

〈쌉니다 천리마마트〉, 〈타인은 지옥이다〉는 네이버웹툰이 원작이었다. 스튜디오드래곤은 네이버웹툰 〈유미의 세포들〉을 원작으로 드라마를 만들고 있기도 하다.

웹툰이나 웹소설은 소재가 참신하고, 화제성이 높아 드라마로 제작되기 쉽다는 장점이 있다. 〈미생〉, 〈타인은 지옥이다〉 등도 웹툰으로 시작해 드라마로 꽃피운 대표 콘텐츠다. CJENM과 스튜디오드래곤은 네이버를 통해 드라마나 영화 소재를 확보하는 창구를 마련하고, 네이버는 웹툰·웹소설의 2차 콘텐츠 확대 통로를 확보할 수 있는 것이다.

CJENM은 영화 〈기생충〉, 드라마 〈도깨비〉로 글로벌 시장에서 이미 콘텐츠 기획력을 검증받았다. 스튜디오드래곤도 〈도깨비〉, 〈비밀의 숲〉, 〈사이코지만 괜찮아〉, 〈사랑의 불시착〉 등을 제작하며 한국 대표 제작사로 꼽힌다. 스튜디오드래곤은 탁월한 제작능력을 인정받아 CJENM 드라마 사업부문에서 독립회사로 분할한 뒤, 2017년 11월에는 주식회사 상장에 성공했다.

네이버는 CJ와의 지분교환 당시에도 "네이버, CJ ENM, 스튜디오드래곤은 각자의 IP, 플랫폼, 제작 역량 등을 결합해 글로벌 경쟁력을 갖춘 콘텐츠를 시장에 선보일 방침"이라고 밝힌 바 있다.

네이버 콘텐츠 – 웹툰·웹소설 IP

방탄소년단, 블랙핑크, JAY-Z가
콜라보 콘서트를 한다고?

상상해보자. 방탄소년단BTS과 블랙핑크가 합동 콘서트를 벌인다. 블랙핑크가 방탄소년단의 〈Dynamite〉 노래에 맞춰 춤을 춘다. 방탄소년단이 블랙핑크 노래 〈뚜두뚜두〉에 맞춰 무대를 뛰어다닌다. 좀 더 상상해보자. 콘서트 1부가 종료된 뒤 2부부터는 래퍼 JAY-Z가 나온다. JAY-Z 공연 다음으로 바로 리한나 공연이 이어진다. 마지막으로 한번 더 상상해보자. 이들의 콘서트는 유튜브 대신 네이버TV에서만 볼 수 있다. 전 세계 1억 명의 K팝 팬들은 콘서트를 보기 위해서 네이버 앱을 다운로드한다. 미국에 거주하는 방탄소년단 팬인 엠마가 댓글을 단다. "우리 오빠들의 무대가 끊김 없이 전해진다. 실제 콘서트장에 앉아 있는 것처럼 생생하다." 방금까지 한 상상이 모두 상상으로 느껴지나? 우리가 맞이할 미래다. 먼 미래도 아니다. 늦어도 2022년에는 마주할 수 있다.

네이버 안에 유니버셜 있다

2021년 1월 네이버는 빅히트엔터테인먼트(현재 하이브) 자회사 비엔엑스에 지분 49%(4,100억 원 규모)를 투자하기로 결정했다. 1,600여 개의 스타 채널을 보유한 네이버의 글로벌 라이브 커뮤니티 플랫폼 브이라이브와 빅히트의 팬커뮤니티 플랫폼 위버스를 합치기로 한 것이다. 단일한 글로벌 팬커뮤니티 플랫폼을 새로 만든다는 것인데, 공교롭게도 빅히트는 같은 날 YG PLUS에도 총 700억 원의 투자를 결정했다. 쉽게 이해하면 앞으로 YG 소속의 가수들은 빅히트의 플랫폼을 이용해서 공연을 할 수 있게 됐다. 네이버와 빅히트가 합쳐서 만드는 바로 그 플랫폼에서 YG 가수들이 뛰놀 판이 만들어졌다.

네이버의 브이라이브 안에는 이미 SM과 JYP 소속 가수들이 자신의 채널을 개설하고 팬들과 소통하고 있었다. 네이버는 앞서 SM과 YG에 1,000억 원을 직접 투자하기도 했다. 정리하면 방탄소년단과 블랙핑크, 슈퍼쥬니어, 트와이스 등 K팝 아티스트들이 모두 단일 플랫폼을 통해서 팬들과 소통하게 되는 것이다. 글로벌 K팝 단일 플랫폼이 곧 생기는 것이고, 해외 팬들은 앞으로 딱 하나의 채널을 통해서 K팝 스타들을 모두 만날 수 있을 전망이다.

2020년 12월, 1억 다운로드를 돌파
한 네이버의 글로벌 라이브 커뮤니
티 플랫폼 브이라이브 로고
사진: 네이버

이들은 왜 글로벌 K팝 플랫폼을 만들기로 한 것일까? 네이버와 YG는 왜 빅히트에 손을 내밀었을까? 그 이유는 다음과 같다. 첫째로 온라인 콘서트는 단시간에 최대 매출을 만들 수 있는 포맷이다. 둘째로 방탄소년단과 블랙핑크라는 메가 IP의 파괴적 경쟁력이 있다. 셋째로 아직 완성되지 않은 온라인 콘서트 시장을 선점하기 위해서다.

첫 번째로 온라인 콘서트는 기존의 오프라인 장벽을 뛰어넘는 매출을 만들어낸다. 온라인 콘서트는 기존의 가격적 장벽과 지역적 장벽, 물리적 장벽을 뛰어넘는다. 가격적 장벽인 10만~15만 원대의 티켓 값은 늘 너무 비싸게 여겨진 게 사실이다. 전 세계의 나라들은 수도 정도의 대도시에서만 공연이 가능했다는 것도 아쉬운 점으로 꼽혀왔다. 콘서트홀에서 수용할 수 있는 최대 인원은 정해져 있기 때문에 티켓을 구하지 못하면 콘서트를 못 보는 물리적 장벽도 있었다. 그러나 온라인으로 진행하면 이런 문제가 모두 해결된다.

이미 선례가 있다. 방탄소년단은 2020년 10월 10~11일 이틀간 빅히트의 위버스샵을 통해 실시간 라이브로 '맵 오브 더 솔 원' 온라인 콘서트를 진행했다. 전 세계 191개 국가에서 99만 3,000명이 관람했다. 관람권 평균가를 5만 4,500원으로 계산하면 무려 약 541억 원을 벌었다. 이틀간 150분씩 300분을 진행했으니, 1분에 1억 8,000만 원씩 벌어들였다.

실제로 온라인 콘서트는 오프라인 콘서트와 비교해도 수익 단가가 높다. 2019년 10월에 방탄소년단이 오프라인으로 서울에서 개최한 월드투어 '스피크 유어셀프: 더 파이널' 공연은 3일간 15만 명을 동원하고 티켓 수익만으로 132억 원을 벌어들였다. 따져보면 온라인과 오프라인 매출 차이가 4배에 달한다. 온라인이 압도적으로 큰 것이다.

전 세계 유튜브 구독자 2위 스타인 블랙핑크도 2021년 1월 31일 처음 열었던 온라인 콘서트 '더 쇼'에서 90분 만에 무려 100억 원 이상을 벌었다. 이번 콘서트의 전 세계 시청자 수는 28만 명이었다. 5만 명 이상 수용할 수 있는 스타디움 공연을 5회 한 것과 같다. 온라인 티켓 평균 가격이 4만 2,000원이었으니, 단순 계산해도 117억 6,000만 원을 벌었다.

네이버는 온라인 콘서트의 중요성을 누구보다 잘 파악하고 있다. 2020년 11월 국내 최대 개발자 콘퍼런스로 알려진 '네이버 DEVIEW2020' 행사에서 첫 번째 연사는 네이버의 전통 사업 모델인 검색광고에 대해 발표했고, 두 번째 연사인 조성택 리더는 온라인 콘서트에 대해 발표했다. 네이버가 온라인 콘서트를 얼마나 중요하게 보고 있는지 알 수 있는 대목이다.

네이버는 이미 온라인 콘서트의 맛을 본 적도 있다. 2020년 4월에 SM과 손잡고 '비욘드 라이브Beyond LIVE'라는 온라인 콘서트 브랜드를 론칭했다. 첫 공연을 SM의 샤이니, 엑소, NCT 등이 뭉친 K팝 어벤져스 '슈퍼엠'이 장식했다. 109개국 7만 5,000명의 팬이 몰려들었고 24억 원의 매출을 거두며 대성공을 거뒀다.

특히 네이버의 정보통신ICT 기술이 모조리 발휘돼 비대면 공연의 완성도를 끌어올렸다. 8K 화질의 동영상을 끊기지 않고 실시간 전송하는 기술을 선보였고, 입체적 사운드를 경험할 수 있는 이머시브 오디오Immersive Audio 등이 라이브 콘서트의 음향을 책임졌다. 고화질의 동영상을 안정적으로 전송하려면 클라우드 기술이 필요한데, 네이버클라우드의 기술적 완성도가 온라인 콘서트를 편안하게 즐길 수 있도록 도왔다.

두 번째로 방탄소년단과 블랙핑크라는 메가 IP의 파괴적 경쟁력 때문이다. 방탄소년단은 빌보드 1위를 차지하고, 2021년 3월 말 기준 전 세계에 7,500만(트위터 2,835만 명, 유튜브 4,660만 명) 팬덤을 구축하고 있다. 블랙핑크도 팬덤 측면에서 둘째가라면 서럽다. 2021년 3월 말 기준 유튜브만 5,930만 명의 구독자를 보유했고, 넷플릭스에는 블랙핑크 다큐멘터리도 있다. 방탄소년단과 블랙핑크가 전 세계적으로 '팔리는 스토리'라는 얘기다.

디즈니가 자사의 OTT 플랫폼 디즈니플러스를 전 세계로 확장시

디즈니의 OTT 플랫폼 디즈니플러스에서 시청할 수 있는 스타워즈 시리즈

사진: 월트디즈니컴퍼니

키며 뻗어나갈 수 있는 것은 〈겨울왕국〉, 〈어벤져스〉 등 디즈니만이 보유한 고유의 IP가 있기 때문이다. 일본의 닌텐도 스위치가 왜 여전히 잘 팔리냐면 〈포켓몬스터〉와 〈슈퍼마리오〉 등 고유의 IP를 계속 업그레이드하기 때문이다. IP는 단순히 원천 스토리 이상의 의미가 있다. 하나의 IP를 통해서 스토리텔링이 이뤄지고, 각자 아이돌 그룹의 세계관이 형성된다.

방탄소년단을 통해서 방탄소년단만의 세계가 펼쳐지게 되고, 팬들은 스토리텔링으로 만들어진 방탄소년단만의 세계를 즐긴다. 방시혁 빅히트 대표는 빅히트의 브랜드 IP 사업영역에 대해 이렇게 말한 적이 있다. "음악 산업으로 한정되지 않고 라이센스, 캐릭터, 게임,

출판, 팝업스토어 등으로 확장해 팬들과 만날 기회를 이어갈 것이다. 특히 카테고리별 대표 브랜드와 라이센스 콜라보를 통해 럭셔리부터 대중적 제품까지 다양한 IP 기반 MD(상품)를 생산해 누구나 원한다면 모든 종류의 라이프스타일 제품을 즐길 수 있도록 할 것이다." 즉, 메가 IP의 확장 가능성이 무궁무진하다는 얘기다.

마지막으로는 온라인 콘서트를 주도하는 회사가 한국 IT기업과 엔터테인먼트 회사라는 점이 주목할 만하다. 아직 온라인 콘서트 자체가 시장에서 틀이 갖춰지지 않았는데, 주도하는 사람들이 모두 K팝을 중심으로 한 한국의 회사들이다. 전 세계 최대 라이브 엔터테인먼트 회사로 꼽히는 미국 라이브네이션의 자회사인 티켓마스터와 구글, 유튜브 등이 시장 진입을 위해 노크하고 있지만, 아직 실적이 크지 않다.

이처럼 한국 회사들이 플랫폼을 주도하면 해외 유명 레이블이 네이버와 빅히트가 만드는 글로벌 플랫폼에 입점을 문의할 수도 있다. 이 전망은 이미 현실화되기 시작했다. 국내 엔터사인 빅히트, YG와 미국 기업 유니버설뮤직그룹UMG, 키스위Kiswe까지 4개사가 힘을 합친 대형 디지털 라이브 스트리밍 플랫폼이 탄생할 예정이다. 2021년 2월 빅히트는 키스위와 설립한 합작법인 'KBYK Live'에 YG와 UMG가 공동 투자한다고 밝혔다.

좀 더 정리해보면, 빅히트는 2020년 여름부터 미국의 라이브 스트리밍 솔루션 기업 키스위랑 손을 잡았다. 빅히트는 키스위와 합작법인인 KBYK Live를 만들었는데, 이 합작법인은 라이브 스트리밍 플랫폼 베뉴라이브_{VenewLive}를 선보였다. 이 플랫폼을 통해 방탄소년단이 2020년 6월과 10월 두 차례 온라인 콘서트를 진행했다.

키스위는 멀티뷰 라이브 스트리밍 원천 기술을 보유하고 있는데, 방탄소년단의 온라인 콘서트에서 멀티뷰 기술을 선보였다. 6개 앵글을 한 스크린에 제공하며 원하는 화면을 선택할 수 있도록 해서 생동감을 높였다.

그런데 이 '빅히트＋키스위' 법인에 유니버셜뮤직그룹과 YG가 투자하기로 한 것이다. 베뉴라이브 플랫폼에 자신들도 자본을 투자하고, 공연도 하고 싶다는 얘기다. 유니버셜뮤직그룹 소속인 테일러스위프트, 리한나, JAY-Z, 머라이어캐리 등 초특급 가수들이 이 플랫폼 위에서 온라인콘서트를 하는 그림이 그려진다.

모든 얘기를 종합하면 먼저 빅히트는 네이버의 투자를 받으면서 네이버와 공동 플랫폼을 만들기로 했다. 네이버(+SM, YG)와 빅히트(+키스위)가 만들어낼 공동 플랫폼에 유니버셜뮤직그룹이라는 세계 3대 음악 레이블이 올라탄 것이다. 리한나와 머라이어 캐리가 곧 한국 기업의 플랫폼 위에서 공연하는 모습을 볼 수 있게 될 전망이다. 시간이 좀 지나면 전 세계 톱클래스 가수들이 한국 가수와 손잡고 콜라보 공연을 하는 모습도 벌어질 것이다 블랙핑크의 〈뚜두뚜두〉의 춤을 리한나가 추는 모습을 상상하면 된다.

네이버와 YG가 빅히트에 손을 내밀고, 글로벌 K팝 플랫폼을 만들려는 이유를 다시 정리해보자. 온라인 콘서트는 단시간에 최대 매출을 만들 수 있는 포맷이고, 방탄소년단과 블랙핑크라는 메가 IP의 파괴적 경쟁력이 있고, 아직 완성되지 않은 온라인 콘서트 시장을 한국 기업이 선점하기 위함이다.

엔터 비즈니스의 끝은 메타버스

중학교 1학년 김지윤 양은 요새 집 밖으로 나가서 놀지 않은 지 꽤 됐다. 대신 가상공간 제페토에서 논다. 김 양은 걸그룹 블랙핑크 제니와 로제에게 직접 사인을 받았다. 블랙핑크가 찍은 〈아이스크림〉 뮤직비디오 세트장에서 직접 셀카도 찍었다. 모두 제페토에서 이뤄진 일이다. 김 양은 "요새 학교에서 제페토 안 하는 친구가 없다. 코로나19로 집콕 생활이 늘어나면서 친구들과 모두 제페토에서 만났다. 블랙핑크 언니들 사인회도 갔는데, 방탄소년단 오빠들도 사인회를 열었으면 좋겠다"고 밝혔다.

네이버가 이들 엔터테인먼트 회사와 그리는 협업의 큰 그림은 메타버스 시대에서 유명 엔터테이너의 팬덤 산업으로 확장하는 데 있다. 네이버의 최종 목적지는 네이버제트의 제페토를 무기로 10대와 그 아래 세대를 장악하고, 대중들에게 생소한 메타버스 시장에 깃발을 꽂는 것이다.

일단 메타버스부터 알아보자. 메타버스Metaverse는 가상 세계를 의미한다. 가상을 뜻하는 'meta'와 유니버스의 'verse'를 합친 말이다. 가상과 현실의 구분이 모호해진 가상 세계를 의미한다. 2030세대 이상에게 메타버스는 다소 생소할 수 있다. 하지만 10대들에게 메타버스는 유튜브보다 더 자주 사용하는 현실이 됐다.

메타버스는 2008년생 이하의 중학생, 초등학생에게 온라인 놀이터가 되고 있다. 네이버 자회사 네이버제트가 개발한 AR(증강현실) 기반 3D 아바타 앱 제페토가 대표적인 놀이터다. 코로나 팬데믹 여파로 직접 만나지 않고도 전 세계 어디에서나 소통할 수 있는 가상공간의 중요성이 커지면서 제페토는 메타버스 시장을 정조준하고 있다. 2018년 제페토 서비스가 처음 출시된 이후 2021년 2월 기준 가입자수만 2억 명을 돌파했다. 특히 지역을 기준으로 보면 제페토 전체 서비스 이용자의 90%가 해외 이용자이고, 연령대 기준으로 보면 전체 이용자의 80%가 10대다.

제페토는 2018년 첫 출시 때 아바타를 생성하고 옷을 입히는 인형놀이 수준이었다. 이후 2019년 업그레이드를 거치며 소셜 미디어 성격으로 바뀌었다. 업그레이드 버전에서는 아바타끼리 친구를 맺고, 사진을 찍고, 동영상을 만들어 공유할 수 있도록 하는 등 이용자의 참여를 이끌어냈다. 더욱이 제페토는 네이버의 AR 기술을 활용해 자기 사진으로 자신과 닮은 아바타를 만들 수 있다는 것이 특징으로 꼽히는데, 1,000개가 넘은 표정을 지원한다. 실제 자신이 느끼는 감정을 아바타가 풍부하게 표현할 수 있도록 만들었고, 10대들이 자신을

네이버제트의 제페토 서비스에서 자신의 얼굴을 기초로 만든 아바타

사진: 네이버제트

자유롭게 드러내고 싶은 마음을 그대로 공략했다.

이후 제페토는 현실에서 가능한 다양한 서비스를 가상공간에 직접 도입하기 시작했다. 이용자가 제페토의 가상 월드인 제페토 월드 안에서 스타와 사진을 찍거나 스타의 방에 방문할 수 있도록 한 것이다. 제페토는 2020년 9월 블랙핑크가 신곡 〈아이스크림〉을 선보이자, 캐릭터가 방문하고 인증샷을 찍을 수 있도록 〈아이스크림〉 뮤직비디오 무대를 3D 맵으로 구축했다. 블랙핑크가 제페토에서 열었던 가상 팬 사인회에는 무려 4,600만 명이 넘는 이용자들이 다녀갔다.

제페토는 글로벌 패션 브랜드가 자사의 지식재산권을 활용한 패션 아이템을 소개하는 장소로 활용되기도 한다. 명품 브랜드 구찌와의 제휴가 대표적이다. 구찌가 가상 컬렉션을 일부 공개하자, 구찌 IP 를 활용한 2차 콘텐츠는 열흘 만에 40만 개 이상 생성됐고, 조회 수 는 300만 회를 넘었다. 제페토 관계자는 "제페토에서는 다양한 IP들 을 활용해서 협업해왔고, 구찌와의 협업 같은 콜라보는 지속될 예정 이다. 마케팅을 위한 기업들의 공간 사용, 공공기관의 홍보 목적 공 간 창출 등 이슈가 늘어났다"고 말했다.

이 지점이 바로 네이버가 공략하고자 하는 포인트다. 엔터테인먼 트 산업이 가상 세계로 확장되면 곧 팬덤 비즈니스가 된다. 엔터 플 랫폼을 선점하고 나면, 언제든 네이버의 가상 세계를 통해 아티스트 의 팬덤과 접점을 모색해볼 수 있다는 것이다. 더욱이 이들 아티스트 가 특정 브랜드와 콜라보를 하면 명품 쇼핑의 거점이 될 수도 있다.

이미 네이버 제페토와 같은 유사 공간들이 꽤 많이 생겼다. 미국 게임사 에픽게임즈가 개발해 서비스 중인 포트나이트Fortnite의 3D 소 셜 공간 파티로얄을 꼽을 수 있다. 파티로얄은 이용자들이 게임을 하 는 공간이 아니다. 아바타로 다른 이용자와 함께 콘서트, 영화 등을 즐길 수 있는 공간이다.

에픽게임즈는 2020년 이 공간에서 트래비스 스콧, DJ 마시멜로 등 유명 래퍼의 콘서트를 진행했다. 트래비스 스콧 공연에는 1,230만 명이 동시 접속했다. 가상 공연의 매출만 2,000만 달러(약 226억 원)에 달했는데, 가상 공연은 이후 오프라인 세계에서의 매출로까지 이어 졌다. 실제 세계에서의 음원 이용률도 25%나 상승했다. 방탄소년단

의 신곡 〈다이너마이트〉 안무도 파티로얄에서 전 세계 최초로 공개
되기도 했다.

미국 뉴욕증권거래소 상장과 동시에 흥행에 성공한 미국 게임 플
랫폼 로블록스Roblox도 메타버스 산업에서 굵직한 존재감을 만들어내
고 있다. 2014년 설립된 로블록스는 제페토와 마찬가지로 이용자들
이 직접 아바타가 돼서 가상 세계에서 활동하는 게임 플랫폼이다. 코
로나19로 등교를 하지 못하게 된 미국 초등학생들 사이에서 유행을
일으키기 시작했다. 전 세계 1억 5,000만 명이 즐기는 이 게임은 미
국의 16세 이하 청소년의 3분의 1이 이용하고 있다. 앱 분석 업체 센
서타워 자료에 따르면 2020년 미국의 10대들이 매일 156분 동안 로
블록스에 접속한 것으로 나타나기도 했다. 매일 54분 유튜브와 35분
인스타그램을 크게 밀어내는 수준이다.

엔터 업계도 신선한 메타버스 실험을 시작하면서 가능성을 점치
고 있다. 2020년 11월 데뷔한 SM엔터테인먼트 걸그룹 에스파는 멤
버 네 명과 이들의 아바타로 구성돼 있다. 멤버 네 명은 현실 세계에
서 활동하지만, 멤버들의 모습을 본 따 만든 아바타는 가상 세계에서
활동한다. 에스파는 현실과 가상을 오가면서 활동한다. 데뷔곡 〈블랙
맘바〉는 공개 51일 만에 유튜브 조회 수 1억 뷰를 기록했다.

SM이 기획한 에스파 멤버 4명의 아바타는 이 걸그룹만의 웅장한
세계관을 구축하며 자신들만의 스토리를 만들어간다. 이수만 SM엔
터테인먼트 총괄프로듀서는 2020년 말 제1회 세계문화포럼에서 "에

스파는 셀러브리티(유명인)와 아바타가 중심이 되는 미래 세상을 투영해, 현실 세계와 가상 세계의 경계를 초월한 완전히 새롭고 혁신적인 개념의 그룹"이라며 "그룹 안에서 온·오프라인으로 동시에 그러나 각각 서로 다른 방식으로 현실 세계와 가상 세계의 콜라보레이션을 선보이는 등 다채롭고 파격적인 방식으로 활동으로 펼쳐나갈 계획이다"라고 설명했다.

네이버의 메타버스 실험 얘기로 다시 돌아오면 네이버가 볼 때 현실 세계는 가상 세계로 이어지고, 가상 세계는 다시 현실 세계로 이어진다. 네이버가 팬덤 비즈니스를 가상 세계까지 확장하면, 다시 가상 세계의 팬덤 비즈니스는 현실 세계에서 매출을 늘린다. 이 모든 구조를 만드는 시작이 빅히트와의 K팝 단일 플랫폼이다. 네이버가 왜 SM과 YG에 투자했고, 빅히트와 손잡고 단일 플랫폼을 만들자고 제안할 수밖에 없었는지 명쾌하게 이해할 수 있는 대목이다.

카카오에는
이병헌과 현빈이 있다

　사람마다 자신만의 스타가 있다. 필자의 마음속 별은 바로 배우 이병헌과 현빈이다. 영화 〈달콤한 인생〉을 스무 번은 돌려봤고, 드라마 〈그들이 사는 세상〉도 10번은 정주행했다. 학창 시절을 채웠던 영화와 드라마였다. 〈달콤한 인생〉을 처음 접하고 난 뒤 누아르라는 장르를 알게 됐고, 홍콩 누아르를 줄줄이 찾아보며 〈영웅본색〉, 〈천장지구〉 등에 흠뻑 빠지기도 했다. 현빈이 〈그들이 사는 세상〉에서 보여준 드라마 PD 역할에 반해 한때 PD라는 꿈을 꾸기도 했다.

　굳이 두 배우와의 추억을 곱씹어보는 이유는 그들이 지금 엔터테인먼트 산업의 지각변동이 이뤄지는 곳에 몸담고 있기 때문이다. 배우 이병헌과 현빈 소속사가 어디인지 알게 되면 깜짝 놀랄 수 있다.

바로 카카오M이다. 카카오페이지와 카카오M이 합병했으니 이제는 카카오엔터테인먼트 소속이다.

엄밀히 얘기하면 두 배우의 소속사는 따로 있다. 이들의 소속사는 모두 카카오M의 계열사다. 2019년 배우 이병헌이 속한 BH엔터테인먼트와 배우 현빈이 속한 VAST엔터테인먼트는 모두 카카오M이 지분의 100%를 인수했다. 배우 공유가 속한 매니지먼트 숲도 카카오M이 2019년 인수했다. 카카오M은 가수·배우 기획사 11개와 공연·영상 제작사 7개를 거느리고 있다. 이병헌, 현빈, 송승헌, 이민호, 공효진, 한지민, 김고은, 한효주 등 이름만 들어도 아는 톱스타들이 모두 카카오 계열사로 들어와 있는 것이다.

카카오M은 2019년 이들 소속 연예인을 대상으로 유상증자를 진행했다. 9개월 만인 2020년 초 이미 투자액 내비 50% 이상 수익률을 거뒀다. 즉, 이들은 얼굴마담이 아니라 카카오의 가족이다.

카카오 콘텐츠 본격 진출로 내수용 꼬리표 뗄까

카카오가 직접 배우를 보유하면 다른 콘텐츠 회사와 어떤 차별점을 지닐까? 사실 과거에는 콘텐츠 차원에서의 시너지 효과를 상상하는 게 잘 안됐다. 하지만 카카오M이 카카오의 웹툰과 웹소설 자회사인 카카오페이지와 합병하면서 미래가 보이기 시작한다.

카카오 콘텐츠 전략의 처음과 끝은 카카오페이지와 카카오M의

카카오엔터테인먼트 김성수 공동대표(왼쪽)와 이진수 공동대표

사진: 카카오엔터테인먼트

합병으로 정리된다. 그동안 카카오에 가해지는 고질적인 비판은 카카오가 국내용, 내수용이라는 것이다. 그런데 이번 합병으로 드디어 내수용 딱지를 뗄 수 있게 됐다. 해외에서도 카카오가 돈을 벌 수 있다는 그림이 그려진다. 향후 카카오는 콘텐츠에서 벌어들이는 수입이 전체 수입의 절반 이상을 차지할 가능성도 크다.

2021년 3월, 카카오에서 웹툰과 웹소설 등 콘텐츠 제작을 맡은 카카오페이지가 카카오M을 흡수합병해 카카오엔터테인먼트가 됐다.

카카오에서 연 매출 수천억 원 규모의 자회사들이 합병하는 것은 처음 있는 일이었다.

카카오엔터테인먼트는 IP뿐 아니라 아티스트, 음악, 드라마, 영화, 공연 기획, 제작사까지 유관 산업 가치사슬을 모두 갖추고 있다. 두 회사는 다양한 콘텐츠를 생산하는 50여 개 관계사 등과 관계를 맺고 있다. 카카오페이지는 관계사·자회사 16곳을 비롯해 8,500개에 달하는 IP가 있다. 카카오M은 배우 매니지먼트 업체 7곳, 음악 레이블 4곳을 비롯해 공연·드라마·영화 제작사도 지녔다. 특히 카카오M이 서비스하는 카카오의 OTT 플랫폼 카카오TV는 모바일 전용 포맷의 콘텐츠를 내세워 기존 틀에서 벗어나 새로운 장르를 열고 있다.

카카오의 오리지널 콘텐츠 전략

카카오페이지는 웹툰과 웹소설의 스토리인 IP가 있다. 카카오페이지에서 흥행한 웹툰과 웹소설을 기반으로 영화나 드라마를 만들면 대박이 날 가능성이 크다. 대표적인 웹툰이 바로 〈이태원 클라쓰〉다. 다음웹툰으로 처음 선보인 〈이태원 클라쓰〉는 JTBC 금토드라마로 방영되기 시작하면서 이태원 신드롬을 일으켰다. 넷플릭스 플랫폼에서도 〈이태원 클라쓰〉 드라마를 시청할 수 있었고, 전 세계 190개국에서 드라마를 시청했다. 일본 넷플릭스 종합 순위에서 한때 전체 2위에 오르기도 했다. 대만, 홍콩, 태국, 싱가포르 등에서 종합 순위 1

〈이태원 클라쓰〉, 〈경이로운 소문〉 등 웹툰 IP를 보유한 카카오엔터테인먼트

위를 휩쓸었다.

OCN 역대 최고 시청률을 기록한 드라마 〈경이로운 소문〉도 카카오페이지 웹툰을 드라마로 만든 것이다. 드라마는 케이블임에도 최종화 시청률 11%를 기록했다. 원 스토리인 웹툰의 누적 조회 수도 2021년 1월 말 기준 1억 4,000건, 누적 열람자는 670만 명에 달한다.

카카오M이 선보이는 오리지널 콘텐츠들은 참신한 기획과 소재, 속도감 있는 전개 등으로 폭발적 성장세를 이룩하고 있다. 2020년 9월 카카오TV를 통해 선보인 콘텐츠들은 2021년 1월 말 기준 누적 조회 수만 2억 뷰를 돌파했다. 드라마와 예능 콘텐츠 총 24개 타이틀에서 나온 카카오TV 전체 누적 조회 수다.

카카오의 오리지널 콘텐츠 전략은 모바일 콘텐츠 소비가 익숙했던 1020세대를 넘어서 30~50대에 이르기까지 다양한 연령대를 포섭하는 것이다. 2020년 11월 첫 공개한 〈며느라기〉가 대표적인데, 박하선, 권율, 문희경 등 배우들이 요즘 시대 평범한 며느리의 시댁에서의 에피소드를 그려냈다. 공개 6주 만에 본편만으로 누적 1,000만 뷰를 기록할 정도로 20대부터 40대 여성들의 고른 지지를 받았다. 노홍철, 딘딘, 김종민, 미주 등 연예인 개미 투자자가 출연하는 〈개미는 오늘도 뚠뚠〉은 콘텐츠 리뉴얼 후 매회 60만 조회를 기록하며 예능에서도 카카오가 역량을 발휘해낼 수 있음을 확인시켰다.

특히 이 콘텐츠들은 타 플랫폼으로의 확장성이 크다는 게 고무적이다. 카카오TV는 실제로 넷플릭스와 웨이브 등 여타 플랫폼에서도 자사 오리지널 콘텐츠를 볼 수 있게 했다. 플랫폼과 상관없이 최대한 많은 사람이 자사 콘텐츠를 이용할 판을 만든 것이다. 웰메이드 콘텐츠 하나만 있으면 플랫폼의 제약 없이도 콘텐츠를 판매할 수 있다는 점을 보여준 셈이다. 카카오M은 이 같은 모바일 숏폼 콘텐츠 제작을 위해 3년간 3,000억 원을 투자하겠다고 밝혔다.

한편 카카오는 카카오만의 오리지널 스토리에 기반한 콘텐츠 성공에 힘입어 최근 웹툰과 웹소설 플랫폼을 연이어 인수하고 있다. 북미 최초 웹툰 플랫폼 '타파스'와 모바일 영문 웹소설 콘텐츠 플랫폼 '래디쉬'를 인수한 것이다. 카카오엔터테인먼트가 타파스와 래디쉬를 손에 넣기 위해 투지한 금액은 각각 약 6,000억 원(5억 1,000만 달러), 약 5,000억 원(4억 4,000만 달러)이다. 글로벌 콘텐츠 기업으로 진화를 위해 쏟아부은 돈이 무려 1조 1,000억 원에 달한다.

카카오 콘텐츠 핵심 전략은 배우 수급

카카오의 콘텐츠 전략은 배우를 직접 수급할 수 있다는 게 네이버와 차별된다. 네이버는 SM이나 YG와 협업하기 위해 1,000억 원씩 투자했지만, 회사를 직접 인수하지는 않았다. 대신에 카카오는 대표 연예인을 보유한 1인 기획사 혹은 소속사를 직접 인수하는 방식을 택했다. 유명 배우와 가수를 자기 회사 사람으로 만드는 형태다.

무슨 의미냐면 웹툰과 웹소설을 기반으로 영화나 드라마를 만들 때 카카오 소속 배우들을 곧바로 출연시킬 수 있다는 얘기다. 웹툰과 웹소설의 스토리가 아무리 훌륭하다고 해도 연기력이 보장된 유명 배우들의 연기가 없으면 웰메이드 영상을 만들 수 없다.

이병헌, 현빈, 공효진, 이민호 등 배우들은 이미 아시아 지역에서 유명해서 시장성 자체도 뛰어나다. 이병헌은 할리우드에서 이미 인지도를 쌓았다. 즉 카카오는 콘텐츠의 근원이 되는 스토리에 작가나 감독, 배우 등을 직접 수급해 제작할 수 있다. 영상을 제작하고 나면 카카오TV 플랫폼으로 해당 영상을 내보낼 수 있다. 엔터 산업의 수직계열화다.

이 같은 콘텐츠 생산 전략은 네이버와 유사하지만, 또 다르다. 하

지만 콘텐츠 성공 방정식은 명확히 같다. '웹툰과 웹소설 IP 확보 →
IP를 기반으로 드라마·영화 제작 → 플랫폼을 통해 전 세계에 유통'
이라는 3단계 원칙이 적용된다. 이미 카카오는 2023년 블록버스터
규모를 포함해 연간 15편의 영화와 드라마를 제작하겠다는 구체적
수치까지 공언했다.

중국과 일본에서 카카오 콘텐츠 영향력 확대

카카오M과 합병하기 이전인 2020년 12월, 카카오페이지는 중국
IT기업 텐센트와 합작법인(조인트벤처)을 만들기로 합의했다. 합작법
인은 텐센트가 중국에서 운영하는 콘텐츠 플랫폼 텐센트동만과는 별
개로 중국 시장을 무대로 새로운 웹툰·웹소설 플랫폼을 선보인다.
카카오는 텐센트 플랫폼에 콘텐츠를 공급하고, 텐센트는 플랫폼 운
영을 맡는다.

카카오페이지와 텐센트는 2013년부터 연을 맺어왔다. 텐센트는
2013년 자회사 스카이블루를 통해 카카오페이지에 전략적 투자를
했다. 스카이블루의 카카오페이지 지분율은 6.78%다. 2017년엔 카
카오페이지가 〈연애싫어〉, 〈소녀신선〉 등 20개 IP를 텐센트동만에 실
었고, 중국 이용자들의 사랑을 받았다. 텐센트가 카카오와 합작법인
을 만들자고 제안한 것도 카카오의 IP들이 중국에서 통한다는 확신
이 있었기 때문이다. 이미 몇 년간 카카오의 IP는 중국에서 통한다는

사실이 여러 차례 확인됐다.

　카카오 입장에서도 중국 콘텐츠 시장은 매력적이다. 중국 시장이 닫혀 있어서 국내 콘텐츠가 넘어가기 힘든 구조이지만, 중국 콘텐츠 시장은 반드시 잡아야만 하는 큰 시장이다. 한국콘텐츠진흥원 조사에 따르면 2021년 만화, 영화, 드라마 등을 포함한 중국 콘텐츠 시장 규모는 3,883억 달러(약 441조 원)에 달한다. 중국은 미국 다음으로 전 세계에서 가장 큰 단일 시장이다. 게다가 중국 시장의 연평균 성장률은 2023년까지 5.65%로 전망돼 성장 속도도 가파르다.

　카카오 입장에서는 전 세계 2위 단일 시장에 콘텐츠를 제공하는 것만으로 어떤 콘텐츠가 아시아권에서 흥행할 수 있는지 확인하는 바로미터 데이터를 확보할 수 있다. 특히 전 세계에서 흥행한 작품 위주의 검증된 IP를 중국으로 보내면 별도의 에너지도 크게 들어가지 않는다. 추후 한국과 중국 사이의 교류 활로가 재개되면 중국 자본과 함께 IP 기반으로 영상을 만들기도 좋다. 더 나아가 시장을 선점하는 효과도 크다.

　한편 카카오는 일본의 만화 시장에서도 점점 독보적인 위치로 올라가고 있다는 점이 주목할 만하다. 네이버웹툰이 전 세계 100개가 넘는 국가에서 서비스를 하고 있지만, 일본에서는 카카오재팬이 내놓은 디지털 만화 플랫폼 픽코마에 밀린다. 2016년 출시된 픽코마는 2020년 9월 양대 앱마켓인 구글 플레이스토어와 애플 앱스토어에서 전 세계 만화 앱 중 매출 1위를 달성했다.

네이버의 일본 웹툰 서비스인 라인망가는 만화책 한 권 분량인 단행본 스타일의 연재가 많았다. 반면 카카오재팬은 한국 웹툰과 마찬가지로 에피소드 방식으로 콘텐츠를 연재했다. 결국 카카오재팬은 코로나19 상황에서 일본 내 웹툰 수요를 흡수하며 일본 1위 웹툰 서비스가 됐다.

픽코마의 가파른 성장세에 카카오가 주목하는 까닭은 일본이 세계 최대 만화 시장이기 때문이다. 일본 만화 시장은 5조 7,000억 원 규모인데, 그다음 규모인 미국과 중국보다도 4~5배가 더 크다. 카카오 관계자는 "픽코마가 일본 내 웹툰 서비스 1위지만 아직 일본 만화 시장 전체 점유율로 볼 때 한 자릿수 점유율에 그친다. 일본은 여전히 활자 단행본 등의 시장이 더 크다는 점에서 앞으로 확장 가능성이 더 무궁무진하다"고 밝혔다.

특히 일본 만화 시장은 정체돼 있지 않고, 단행본 시장을 포함한 만화 시장 자체가 지속적으로 커지고 있다. 때문에 여전히 전체 만화 시장의 한 자릿수를 차지하는 웹툰 시장의 발전 가능성은 무궁무진하고, 향후 카카오의 매출은 일본에서 얼마나 카카오재팬이 성장하는지와 직결될 개연성이 크다.

카카오 콘텐츠 – 배우

콘텐츠는 플랫폼과
연결돼야 살아남는다

2017년 10월에 발표된 서울대학교 공과대학 유기윤 교수팀(김정욱, 김지영 연구교수)의 보고서에 따르면, 2090년 미래도시는 4개의 계급이 존재한다.

1계급: 인공지능 플랫폼 소유주 0.001%

2계급: 인공지능 플랫폼 스타 0.002%

3계급: 인공지능

4계급: 프레카리아트 99.997%

연구팀이 제시한 4개의 계급 중 가장 상층부에 있는 플랫폼 소유

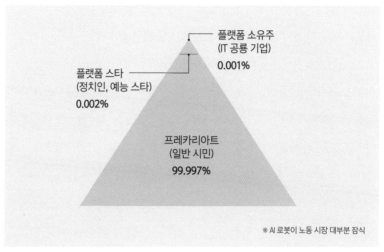

서울대학교 공대 연구팀이 예측한 2090년 사회계급도

플랫폼 소유주
(IT 공룡 기업)
0.001%

플랫폼 스타
(정치인, 예능 스타)
0.002%

프레카리아트
(일반 시민)
99.997%

※ AI 로봇이 노동 시장 대부분 잠식

유기윤 교수팀 보고서의 4계급 구성

자료: 매경DB

주는 현재의 다국적 기업 소유주와 마찬가지로 자신의 기업을 플랫폼이라는 미래 정보형 기업으로 탈바꿈시키면서 탄생한다. 구글, 페이스북, 아마존 등이 예다.

바로 그 아래에 플랫폼 스타라고 불리는 계급이 존재하는데, 일부 정치 엘리트나 예체능 스타, 소수의 창의적 전문가들이다. 문재인 대통령과 버락 오바마 전 미국 대통령 등이 정치 엘리트에 속하고, 예능인 유재석 씨와 축구스타 손흥민 선수는 예체능 스타에 속한다.

인공지능 플랫폼 스타는 수백만 명의 구독자를 보유한 유튜버를 상상하면 된다. 유튜브라는 플랫폼에서 성장한 인플루언서인 유튜버들은 이미 연예인만큼의 인기를 얻고 있다. 유튜브 채널 슈카월드를 운영하는 전석재 씨, 신사임당 채널을 운영 중인 주언규 씨, 삼프로TV 채널의 김동환 대표가 대표적인 플랫폼 스타다.

그다음으로는 인공지능에 기반한 계급이 있다. 2004년 개봉한 윌 스미스 주연의 〈아이, 로봇〉의 로봇을 상상하면 된다. 2035년의 미래 사회는 로봇이 인간과 어울려 살아간다. 로봇은 집안일을 대신하거나, 무거운 물건을 드는 등 인간의 풍요로운 삶을 위한 조력자 역할을 한다. 로봇이 구동되는 방식은 단연 인공지능 기반이다. 영화에서는 로봇에게는 절대복종해야 할 3원칙이 프로그래밍된다. 제1원칙, 로봇은 인간에게 해를 입혀서는 안 된다. 그리고 위험에 처한 인간을 모른 척해서도 안 된다. 제2원칙, 제1원칙에 위배되지 않는 한, 로봇은 인간의 명령에 복종해야 한다. 제3원칙, 제1원칙과 제2원칙에 위배되지 않는 한, 로봇은 로봇 자신을 지켜야 한다. 영화는 실제로 완벽한 자아를 가진 형태로 진화한 강력한 인공지능 슈퍼컴퓨터 비키와 인간형 로봇 써니 사이의 대립을 다룬다.

유 교수팀이 마지막 계급으로 보는 보통의 시민이 바로 프레카리아트다. 이들은 플랫폼이라는 미래 정보형 기업에 접속해 프리랜서처럼 살아간다. 현재의 직장인, 자영업자, 전문직 종사자들이 모두 이에 해당된다. 연구팀은 페이스북이나 구글과 같은 거대 빅테크 기업이 현재 자사의 서비스를 모두 가상화하고, 심지어 가상의 행성을 창조할 것이라고 내다봤다.

플랫폼을 장악하거나, 콘텐츠를 장악하거나

유기윤 교수팀이 내다보는 미래가 허무맹랑한 얘기로 보이지 않는 것은 이미 전 세계 빅테크 기업들은 플랫폼을 영위하기 위한 전쟁을 펼치고 있기 때문이다. 네이버와 카카오도 마찬가지다. 자신들의 플랫폼 위에 뉴스, 쇼핑, 금융 등 모든 분야의 콘텐츠를 집적한다. 네이버와 카카오는 새로운 형태의 콘텐츠를 고객들에게 지속적으로 제공하면서 대중들을 네이버와 카카오의 플랫폼 안에 꽁꽁 묶어둔다. 콘텐츠가 대중과의 접점을 맺게 하는 연결고리인 셈이다.

인터넷 산업이 발전해온 지난 20여 년간 네이버와 카카오 등 국내 빅테크 기업은 자신들만의 성공 방정식을 세워왔다. 이들의 목표는 생활과 맞닿아 있는 영역의 모든 지점에 자신들만의 깃발을 꽂는 것이다. 이 목표는 플랫폼 비즈니스가 가진 태생적 속성과도 연결된다. 한번 1위 사업자로 굳어지면 판을 바꾸기 쉽지 않기 때문에, 각자 점유할 수 있는 지점에서 최대한의 자원을 투입해 시장을 선점하려고 한다. 네이버가 검색 시장에서 한번 깃발을 꽂았기 때문에 카카오는 검색 기반의 서비스를 영위하기 힘들었고, 카카오가 국내 최대 메신저로 자리를 틀었기 때문에, 네이버는 일본으로 자리를 옮겨서야 메신저 서비스 라인을 성공시킬 수 있었다.

네이버와 카카오, 구글과 페이스북 등 빅테크 기업은 자신들이 곧 플랫폼이자 콘텐츠다. 이들은 플랫폼으로서 모든 서비스의 중추 역할을 하면서 각종 콘텐츠를 통해 사람들을 자신들의 서비스와 연결한다. 흥미를 끌기 위해서는 새로운 분야의 영역으로 지속적인 확장을 멈추면 안 된다.

유 교수팀의 2090년 미래도시를 굳이 상상해보지 않더라도, 2021년을 살아가는 기업과 개인의 성공 방정식은 모두 플랫폼을 장악하는 데 있다. 특히 플랫폼이라는 일종의 커뮤니티에 고객이라는 이름의 개인을 묶어두는 힘이 필요한데, 이 힘은 콘텐츠에서 나온다. 플랫폼을 장악하느냐, 콘텐츠를 장악하느냐. 모든 기업과 개인 등 사회 구성원은 선택해야 할 때가 왔다. 둘 다 장악하면 제일 좋지만, 아니면 하나라도 장악해야 한다.

물론 플랫폼(커뮤니티)을 가진 사람이 더 우위에 있기는 하다. 콘텐츠 공급자는 그 자체로 자신의 콘텐츠를 고객과 연결할 플랫폼을 숙명적으로 찾아야만 하지만, 플랫폼을 보유한 사람은 자신 스스로 플랫폼의 속성에 맞는 콘텐츠를 본인이 만들기만 하면 된다. 콘텐츠를 만드는 데 들이는 힘보다도 영속적인 플랫폼을 만드는 게 더 어렵다. 기업과 개인의 입장에서 플랫폼이 되기 어렵다면, 콘텐츠를 만들어 반드시 플랫폼에 태워야만 한다.

먼저 스스로 플랫폼을 만들기 위해서는 커뮤니티 전략을 작동시켜야 한다. 팬덤을 확보하면 곧 커뮤니티가 된다. 기업인이나 중소상공인 등 일반인도 팬덤을 모으는 시대다. 팬덤이 커지면 커질수록 돈을 벌 수 있다.

기업인 중 대표적인 팬덤 비즈니스를 형성하는 사람으로 정용진 신세계그룹 부회장과 정태영 현대카드 부회장 등이 있다. 정용진 부회장은 인스타그램 팔로워만 56만 명이고, 정태영 부회장의 페이스북 팔로워는 10만 명에 달한다. 이들은 직접 페이스북과 인스타그램을 운영하고, 자사의 유튜브에 출연한다. 기업 이미지 개선 목적과 함께 소통하는 CEO의 모습을 보여주면서 팬덤 모객 효과가 극대화된다. 테슬라 CEO인 일론 머스크가 회사의 홍보팀을 해체하고 본인이 직접 트위터에 글을 올리며 대중과의 소통 접점을 늘려가는 것을 떠올리면 이해하기 쉽다.

라이브 커머스로 상품을 판매하는 사람들이 많아지면서 일반 중소상공인도 직접 팬덤을 모은다. 바다에서 대게를 잡는 어부나 강원도에서 감자 농사를 짓는 농부 등이 직접 상품을 홍보하면서 이들에게도 팬덤이 붙는다. 취미 활동 등 특정 아이템을 기반으로 한 커뮤니티의 소모임 장이 되거나, 네이버 카페를 하나 파서 운영하면서 자료를 모으고 사람들을 모으는 방식이 모두 스스로 플랫폼이 되는 방식이다.

물론 보통의 평범한 사람들이 팬덤을 모으는 일은 쉽지 않다. 그럼 플랫폼에 콘텐츠를 쌓아서 올라타는 게 차선책이다. 네이버 블로그를 열어서 글을 쓰며 콘텐츠를 누적시키거나, SNS에 관심사 하나를 꾸준히 업로드하거나, 몸담고 있는 분야의 시스템을 도식화해서 기록으로 남겨 책을 만드는 등의 방법이 콘텐츠로 플랫폼에 올라타는 방식이다.

하버드경영대학원 전략 교수인 바라트아난드의 책《콘텐츠의 미래》에서는 콘텐츠가 어떻게 연결돼야 하는지에 대해 잘 설명하고 있다. 정말 좋은 콘텐츠라도 연결되지 않고 더 이상 확산되지 않으면 죽은 콘텐츠가 된다는 것이 핵심이다. 결국 모든 것이 연결에 달려 있다는 메시지다. 좋은 콘텐츠는 퍼져나갈 수 있어야 하기 때문에, 최초에 어떻게 연결될 것인가를 동시에 준비해야 한다는 얘기다.

책에서는 애플 창업자 스티브 잡스 얘기를 사례로 든다. 스티브 잡스가 애플 초창기에 내놓은 애플 투 컴퓨터나 매킨토시는 자사 제품의 소프트웨어 개발을 제3의 개발사가 하지 못하게 하는 닫힌 전략을 시행했다. 애플의 앱마켓 앱스토어에서 고객들이 다운받을 수 있는 앱을 만들 권한을 애플만 가지고 있도록 했다. 하지만 2010년을 지나며 애플의 검토만 받으면 앱을 만들어 올릴 수 있는 일부 개방형의 앱스토어로 바뀌었다. 양질의 콘텐츠는 개발자와 고객, 고객과 고객 사이로 어떻게 연결할 수 있느냐가 중요한데, 애플의 생태계는 앱스토어의 문을 일반인에게 조금 열면서부터 그 자체 생태계가 무궁무진하게 확장됐다.

앱스토어의 사례에서 착안해 구글은 앱마켓인 구글플레이와 안드로이드 OS를 성공시켰다. 구글은 인터넷의 기본 철학이 완전한 개방성에 있다고 본 것이고, 개방성에 근거했을 때 콘텐츠의 확장이 이전과는 다른 방식으로 뻗어나갈 수 있다는 사실을 이해했다. 애플보다 뒤늦게 모바일 생태계에 뛰어들었지만, 구글이 전 세계 모바일 생태계의 한 축으로 자리 잡게 된 배경이다.

플랫폼+콘텐츠 전략으로 유니콘이 된 무신사

온라인 패션 플랫폼 무신사는 플랫폼과 콘텐츠 전략으로 유니콘 기업으로 성장한 가장 적합한 예다. 이 회사는 2019년 말 국내에서 10번째로 기업가치 1조 원을 돌파한 유니콘 기업이 됐다. 2020년 2분기가 지나갈 무렵 이미 기업가치는 2조 2,000억 원 수준을 돌파했다. 무신사야말로 플랫폼(커뮤니티)이 있고, 콘텐츠가 있다.

스니커즈 덕후였던 조만호 무신사 대표는 고등학교 3학년 때 프리챌에 커뮤니티를 개설했고, 이것이 무신사 커뮤니티의 시작이 됐다. 조 대표는 '무진장 신발 사진이 많은 곳'이라는 온라인 모임을 오픈하면서 패션피플을 끌어모았다. 이용자들은 온라인에 신발, 패션 사진 등을 찍어 올리면서 서로의 아이템을 공유했다. 말 그대로 커뮤니티고 플랫폼이다. 서로 놀 수 있는 마당을 만들어 놓은 것이다.

현재도 무신사 사이트에 접속하면 커뮤니티의 성격이 고스란히 드러난다. 무신사 사이트의 좌측에는 새 출발을 알리는 백팩 12종의 사진과 이름을 나열하고 투표를 할 수 있게 해뒀다. '패피(패션피플)인 니가 골라봐. 어떤 게 좋아?'라고 소비자를 커뮤니티에 참여시키는 것이다. 투표 1등을 차지한 상품은 지연스레 스토리텔링이 이뤄진다.

무신사 홈페이지에 들어가면 소비자를 록인시키는 콘텐츠를 정중앙에 배치하고 있다.

사진: 무신사 홈페이지 화면 캡처

이 백팩은 '새 출발을 알리는 백팩'이라는 카피가 붙어 따라간다.

홈페이지 화면 우측에는 150여 명의 리포터가 촬영한 스트리트패션을 볼 수 있다. 일반인이 커뮤니티에서 놀 수 있도록 참여시키는 방법이다. 무신사의 홈페이지에 방문한 고객들은 '나도 저렇게 옷을 매치해서 옷을 입으면 되겠구나' 하는 생각이 들게 된다. 이렇게 누적된 스트리트패션 수만 5만 개에 달한다. 5만 명의 길거리 패션을 찍어뒀으니, 홈페이지를 방문한 고객들은 그것 보는 것만으로도 재미가 있다. 사람 구경하면서 노는 것인데, 이게 곧 커뮤니티에 고객을 참여시키는 방법이다.

커뮤니티로 시작했으니, 무신사에는 네트워킹이 필요했다. 무신사는 네트워킹 프로그램을 창립 이래 지속적으로 진행해왔다. 위닝

일레븐 게임대회나 클럽파티는 무신사의 성격과는 전혀 상관없지만, 무신사의 회원을 대상으로 진행했다. 회원들은 전국의 패피들을 만날지도 모른다는 기대감과 자신의 패션을 자랑하고픈 설렘에 따라 네트워킹 프로그램에 지속적으로 참여했다. 조만호 대표가 2001년에 커뮤니티를 만들고 나서, 2009년에 무신사 스토어를 만들기 전까지 커뮤니티를 공고하게 하는 행사들은 비정기적으로 열렸다. 일종의 무신사 팬덤을 만들면서 스스로 플랫폼이 되는 일이었다.

2005년에 무신사는 플랫폼 위에 태울 콘텐츠 전략을 시행한다. 바로 무신사 매거진을 만든다. 패션피플이 각자 커뮤니티에 자신의 신발과 패션을 올리고, 스트리트패션을 찍어 보내오니 콘텐츠가 자연스레 쌓였다. 누적된 데이터를 방출하기 위해서라도 툴이 필요했다. 온라인이 활성화되기 전이니 전통 미디어 방식인 매거진을 만들었다.

패션은 누구나 접근하기는 쉽지만, 자신의 체형과 센스에 따라 정반대의 결과를 가져오는 영역에 속한다. 또 유행도 많이 탄다. 그래서 요즘 트렌드가 무엇인지 알고 싶은 사람들도 많다. 옷 잘 입는 법은 절대다수의 일반 대중이 관심 많은 영역 중 하나다.

그런 소비자 니즈에 부합하는 콘텐츠가 무신사에는 무궁무진하게 배치돼 있다. 웹사이트 중앙 메인에 수백 개의 콘텐츠가 쌓여 있다. '호불호 없는 캐주얼 룩의 모든 것', '2021 트렌드 코디', '스타일과 편안함을 모두 챙기는 방법' 등이 있나.

사실 패션 플랫폼은 옷 잘 입는 법을 알려주는 일이 옷을 하나 파는 것보다 더 중요하다. 잘 만든 콘텐츠 하나로 소비자를 무신사에 묶어 두기 때문이다. 고객들은 특별한 일이 없이도 심심할 때 무심결에 무신사 앱이나 웹페이지에 방문하게 된다.

플랫폼과 커뮤니티에 콘텐츠를 풀어 사람을 끌어온 기업이 무신사만 있는 것은 아니다. 네이버가 국내 1위 검색 플랫폼이 되는데 주요한 역할을 했던 것도 바로 콘텐츠다. 모든 언론사의 뉴스를 끌어모았고, 블로그 서비스에 일반인도 자신의 글을 누적하게 만들었다. 걸러진 정보와 일상의 정보가 결합해 동시에 제공되는 형태였다.

모든 사람들을 네이버 안에서 놀게 만든 시작이 됐던 뉴스는 대표적인 양질의 콘텐츠다. 네이버는 2000년 5월에 15개 신문사와 통신사의 뉴스를 통합 검색할 수 있는 시스템으로 콘텐츠를 모으는 작업을 시작했다. 현재는 500여 개 매체에서 일 평균 2만 6,000여 개의 기사를 받아 게재한다. 뉴스라는 콘텐츠만으로 네이버의 플랫폼으로 사람을 끌어올 채비가 끝난 것이다. 뉴스에서 발생하는 트래픽이 현재는 웹툰과 웹소설 등 콘텐츠로 옮겨갔다. 네이버는 웹툰과 쇼핑이라는 콘텐츠로 다시 사람들을 네이버의 세계에 묶어 두려고 한다. 플랫폼에 흥미를 완전히 잃어버리기 전에 새로운 흥미 거리를 던져주는 것이다. 결국은 플랫폼을 만들고 그 안에 얼마나 많은 콘텐츠를 둬서 대중들과 연결시킬 수 있느냐가 성공의 핵심 가치라는 얘기다.

구독자가 수백만 명인 소위 잘나간다는 유튜브 채널만 한번 살펴

봐도 똑같다. 유튜버가 공들여 만든 양질의 콘텐츠가 있고, 콘텐츠 밑의 댓글창에서는 사람들이 서로 댓글을 주고받으며 논다. 이처럼 작은 채널 하나도 커뮤니티와 콘텐츠 두 가지가 모두 포함돼야 한다. 두 개 중에 하나라도 갖고 있지 않으면 성공 방정식 핵심 구성요소가 빠진 것이다.

정리해보면 2021년 성공 방정식은 이처럼 스스로 플랫폼이 되어야 하는데, 플랫폼이 되기 위해서는 고객에게 놀거리를 줄 수 있는 커뮤니티를 지향해야 한다. 이때 커뮤니티를 채우는 것은 콘텐츠다.

PART
02

생존전략,
자체분열 네이버 vs 인수합병 카카오

 vs

네이버 vs 카카오

네이버,
'검색 → 쇼핑 → 콘텐츠 → 금융' 자체분열

네이버는 검색부터 쇼핑, 콘텐츠, 금융까지 자체분열하면서 다양한 분야로의 확장을 거듭해왔다. 네이버는 1999년 검색 포털로 문을 열면서 검색 영역에 몸을 틀었다. 네이버가 검색 시장에 처음 진출했을 때는 다음, 엠파스, 라이코스, 알타비스타 등 여러 검색엔진이 경쟁하고 있었다. 검색 포털로서 후발 주자였지만, 네이버는 통합검색과 지식iN 서비스를 잇달아 성공시키며 국내 검색 1위 업체로 군림하던 야후를 따라잡았다. 이후 네이버는 지난 20여 년간 국내 검색 시장 1위를 차지하고 있다. 2020년 6월 기준 점유율은 57.3%로 절반을 훌쩍 넘은 수치를 유지 중이다.

네이버 주요 사업 구조도

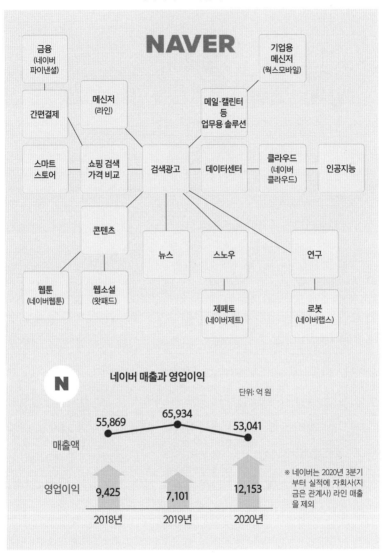

NAVER

- 금융 (네이버 파이낸셜)
- 기업용 메신저 (웍스모바일)
- 간편결제
- 메신저 (라인)
- 메일·캘린터 등 업무용 솔루션
- 스마트 스토어
- 쇼핑 검색 가격 비교
- 검색광고
- 데이터센터
- 클라우드 (네이버 클라우드)
- 인공지능
- 콘텐츠
- 뉴스
- 스노우
- 연구
- 웹툰 (네이버웹툰)
- 웹소설 (왓패드)
- 제페토 (네이버제트)
- 로봇 (네이버랩스)

네이버 매출과 영업이익

단위: 억 원

	2018년	2019년	2020년
매출액	55,869	65,934	53,041
영업이익	9,425	7,101	12,153

※ 네이버는 2020년 3분기부터 실적에 자회사(지금은 관계사) 라인 매출을 제외

통합검색과 지식iN으로 확장한 검색

네이버가 검색 포털로 문을 연 1999년, 당시 한국의 웹사이트 전체 수는 5만여 개였다. 초기 국내 검색 서비스는 유사한 주제별로 사이트를 묶어서 소개하는 디렉토리 서비스 형태였다. 당시 검색 서비스 1위인 야후코리아도 디렉토리 형태로 서비스를 했다.

검색 후발주자인 네이버는 통합검색과 지식iN 서비스를 선보이면서 검색 시장의 흐름을 야후코리아로부터 단숨에 빼앗아왔다. 통합검색은 2000년 8월 네이버가 세계 최초로 선보인 검색 모델이다. 웹문서, 사이트, 사전, 뉴스 등 정보의 특성에 따라 검색 결과를 다양하게 보여주는 것이다. 대중들이 단순히 웹 사이트를 방문하는 것 이상의 정보를 원하고 있다는 것에서 착안했다.

당시 가수 핑클은 가장 많이 검색된 단어 중 하나였는데, 사람들은 핑클의 프로필을 확인하기 위해 검색을 하기도 했고 핑클의 사진을 보거나 팬 카페에 가입하기 위해 검색을 이용하기도 했다. 검색어는 한 개지만 이 검색어를 통해 얻고자 하는 욕구가 다양했다. 네이버는 각각의 특성에 맞게 정보를 분리하거나 묶어서 제공하면 훨씬 더 만족스러운 고객 경험이 될 것이라고 판단했고, 통합검색 서비스를 내놓게 됐다.

지식검색 서비스 지식iN은 지식이라는 단어가 가진 개념을 송두리째 바꿨다. 당시에는 검색하면 나오는 정보가 '지식'이었다. 하지만 지식iN 서비스는 '일반인의 지혜'라는 집합지식도 지식의 범주에 포함시키는 최초의 서비스였다. 네이버 검색 서비스 이용자는 지식iN을 통해서 궁금한 질문을 쉽게 던질 수 있고, 대답할 수 있었다. 네이버는 이용자가 직접 질문하고, 답변을 평가할 수 있도록 하면서 더 정확하고 완성된 정보에 근접할 수 있도록 했다. 특정 사안을 이미 경험해본 사람이 직접 답을 내려준다는 점은 자신의 경험 요소가 더해져 이용자에게 재미가 느껴졌다.

검색 인접 영역으로 끊임없이 자체분열

네이버는 가장 첫 번째 서비스인 검색이라는 본업과 인접한 영역으로 꾸준히 사업을 확장하며 자체분열했다. 쇼핑과 웹툰, 클라우드, 금융 등 신성장동력 발굴에는 내부 관련 조직을 분사·독립시켜 성장 속도를 높이는 세포분열 전략을 펼쳤다.

발 빠른 세포분열 전략을 펼치기 위해 네이버가 2015년부터 도입한 제도가 바로 사내 독립기업 컴퍼니인컴퍼니CIC, Company-In-Company 제도다. 네이버는 각 사업 부문이 인사·재무 등 조직 운영에 필요한 경영 전반을 독립적으로 결정할 수 있도록 CIC 제도를 적극 시행했다. 인터넷 산업의 속도가 빠르기 때문에 각 파트의 독립성을 보장하면 의사결정 속도와 사업 실행력이 높아진다는 게 이유였다. 네이버가 CIC로 지정하는 데는 나름의 특별한 원칙이 있다. 독자적으로 사업이 가능한 분야여야 하고, 해외 진출을 통해서도 매출을 만들어낼 수 있는 영역이어야 한다. 현재 네이버는 서치(검색), 클로바(인공지능), 아폴로(지식iN, 블로그), 그룹&(밴드·카페), 글레이스(글로벌 지역 정보), 포레스트(쇼핑), 비즈(광고), 튠(뮤직) 등 8개의 사내 독립기업을 운영하고 있다.

네이버는 CIC의 규모가 더 확장되면 자회사로 CIC를 분사하면서 사업을 확대해나간다. 2021년 기준 네이버의 자회사 개수는 모두 6개다. 네이버웹툰, 네이버파이낸셜, 스노우, 웍스모바일, 네이버클라우드, 네이버랩스가 있다. 여기에 자회사로 분사했다가 일본 야후재팬과 합병한 라인은 주요 관계사다.

웹툰 사업 조직은 2015년 네이버웹툰 CIC로의 독립을 거쳐 2017년 자회사 네이버웹툰으로 분사했다. 네이버페이는 2018년 네이버페이 CIC로 독립한 뒤 2019년 12월 네이버파이낸셜로 분사했다.

네이버 자회사 스노우는 네이버의 동영상 기반 소통 앱으로 첫 출시되었는데, 글로벌에서 성장세가 두드러지자 2016년 관련 조직을 자회사로 분사했다. 스노우에서 담당하던 글로벌 가상 세계 아바타 서비스 '제페토'도 글로벌 이용자가 1억 명을 돌파하면서 사이즈가 커지자, 서비스 집중도를 높이기 위해 별도 법인 '네이버제트'로 추가 분사했다. 네이버제트는 이로써 네이버의 손자회사가 됐다.

네이버클라우드 사업을 담당하는 네이버 비즈니스 플랫폼NBP도 네이버와 자회사를 대상으로 정보기술IT 인프라 운영과 업무용 솔루션 서비스를 제공하는 부문이 분할돼 2009년 설립됐다. NBP는 2017년 클라우드 서비스인 네이버클라우드 플랫폼NCP을 출시하며 기업과 공공·금융 클라우드 시장 공략을 시작했다. 2020년에는 회사 이름을 네이버클라우드로 바꿨다. 기업용 메신저 라인웍스를 제공하는 자회사 웍스모바일도 2015년 4월 메일, 캘린더, 주소록 등을 제공하는 협업 솔루션 네이버웍스 조직이 분사해 설립된 자회사다.

이처럼 네이버의 세포분열 전략은 플랫폼 기업의 속성에서 비롯한다. 독자적인 기술력을 기반으로 시장을 선점해 네트워크 효과를 누리며 규모의 경제를 실현하는 것이 플랫폼 기업의 목표다. 다양한 분야로의 선점 경쟁에서 밀려나거나 분야를 확장하지 못하면 플랫폼은 그 자체로 운명을 다한다는 믿음이 IT 업계에는 지배적이다. 한성숙 네이버 대표는 "페이스북, 구글, 아마존은 쇼핑, 결제, 콘텐츠, 플랫폼을 모두 다 영위하고 있다. 한 분야라도 갖지 못하면 언제든 회사 기반이 빠르게 무너질 수 있다"고 밝혔다.

일본을 거점으로 아시아를 장악하라

네이버의 미래 생존전략의 핵심은 바로 일본에 있다. 네이버는 자회사인 메신저 회사 라인과 일본의 대표 포털 서비스 야후재팬의 경영 통합을 만들어냈다. 이제는 글로벌 IT산업의 새로운 축으로 떠오르겠다고 선언했다.

네이버 관계사 라인과 일본 대표 포털 야후재팬의 회사 앱 로고

　현재 글로벌 IT산업의 패권은 미국과 중국의 G2가 양분해 쥐고 있다. 미국에는 구글, 아마존, 페이스북, 애플 등이 있고, 중국에는 텐센트와 알리바바, 바이두 등 거대 인터넷 기업이 있다. 이들을 견제할 새로운 축으로 거듭나기 위해 이해진 네이버 GIO(글로벌투자책임자)는 손정의 소프트뱅크 회장과 손을 잡았다. 일본을 시작으로 네이버의 영향력을 아시아 전체로 확대해 확고부동한 자리를 구축하겠다는 포부다. G2에 대항하는 제3극極이 되겠다는 선언이다.

　네이버와 소프트뱅크는 2021년 3월 1일, 라인과 야후재팬(Z홀딩스)의 경영통합을 통해 통합 Z홀딩스를 출범시켰다. 지주사인 A홀딩스도 출범했다. 이번 경영 통합으로 일본 내 현지 이용자만 3억 명이 넘는 일본 최대 인터넷 서비스 기업이 출현하게 됐다.

　이해진 GIO는 Z홀딩스 사업에 대한 목표를 구체적으로 제시했다. 이 GIO는 "일본 시장에서 통합 Z홀딩스는 일본 최대 인터넷 기업이 됐다. 오는 2027년까지 검색 50%, 온라인 커머스 50%를 달성할 것"이라고 강조했다. 2023년까지 매출 2조 엔(약 21조 원)의 기업으로 성장시키겠다는 포부도 밝혔다.

이번 통합법인 출범으로 네이버와 야후재팬은 당장 커머스 부문에서의 시너지가 예상된다. 야후재팬은 2019년에 4조 원이 넘는 돈을 들여 온라인 패션 쇼핑몰 조조타운을 인수해 보유해왔다. 라인은 자체 온라인 쇼핑 채널인 라인쇼핑을 운영해왔다. 조조타운과 라인쇼핑이 통합되면 일본 내 이커머스 시장 1위인 라쿠텐이나 2위인 아마존재팬과 겨룰 수 있는 판이 깔린다.

네이버의 온라인 창업 툴인 스마트스토어도 일본 이커머스 서비스에 도입된다. 일본 판매자들이 온라인 쇼핑몰 구축과 관리에 드는 수고를 덜고, 상품 개발이나 비즈니스 성장에만 집중할 수 있도록 스마트스토어를 통한 토탈 이커머스 솔루션이 제공될 예정이다. 네이버 입장에서는 일본의 중소상공인 관련 데이터 일체를 확보할 수 있다. 일본 소비자와 관련한 각종 구매 데이터도 쥘 수 있다. 한성숙 네이버 대표는 "스마트스토어 속에 녹아 있는 첨단 기술력과 판매자의 다양성을 존중하는 방향성이 일본 이커머스 시장에 새로운 흐름을 만들어내길 기대한다"고 밝혔다.

이번 합병으로 네이버는 지난 20여 년간 두드려온 일본 시장에 정면으로 승부수를 던질 수 있게 됐다. 네이버가 2011년 동일본 대지진을 겪으며 출시한 라인 메신저는 현재 일본 내 MAU만 8,600만 명에 달하며 국민 메신저 위치에 올랐다. 하지만 그동안 검색과 쇼핑, 금융으로 뻗어나가는 과정에서는 야후재팬의 서비스들과 사사건건 부딪혔다. 이번 경영통합은 더 이상의 출혈경쟁을 하지 말자는 의미도 있다.

특히 이번 경영통합을 통해 네이버와 야후재팬이 간편결제부터 인공지능, 커머스까지 아우르는 통합 청사진을 그리는 것은 곧 일본을 포함해 대만, 태국, 인도네시아 등 동남아시아까지 네이버 영향력 하에 두겠다는 의지로 읽힌다. 동남아시아 전체에서 라인 메신저를 매달 사용하는 인구가 1억 6,500만 명을 넘는다는 점에서 네이버가 충분히 꿈꿀 수 있는 미래다.

네이버 생존 전략 - 자체분열

카카오,
다음부터 멜론까지 변곡점마다
인수합병

    카카오는 국민 메신저 앱 카카오톡을 기반으로 국내 최대 생활형 플랫폼의 위상을 단단히 다져가고 있다. 카카오의 가장 큰 무기는 단연 카카오톡이다. 2020년 4분기 말 기준 카카오톡을 이용하는 국내 이용자 수는 4,598만 명이다. 영유아와 노년층을 제외하고는 전 국민이 모두 카카오톡을 쓰는 셈이다. 카카오는 카카오톡 메신저에서 시작했지만 게임과 음악, 택시, 웹툰, 쇼핑, 금융 등 국민 일상생활 곳곳으로 파고들었다. '카카오톡 안에서 다 된다'는 슈퍼 앱으로 성장하며 회사의 규모를 키워나가는 중이다.

카카오 주요 사업 구조도

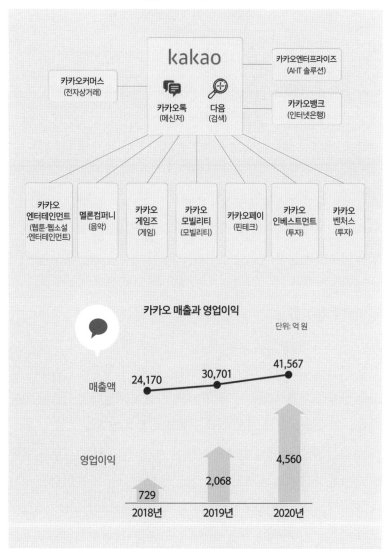

카카오커머스
(전자상거래)

kakao

카카오톡
(메신저)

다음
(검색)

카카오엔터프라이즈
(AI·IT 솔루션)

카카오뱅크
(인터넷은행)

| 카카오
엔터테인먼트
(웹툰·웹소설
·엔터테인먼트) | 멜론컴퍼니
(음악) | 카카오
게임즈
(게임) | 카카오
모빌리티
(모빌리티) | 카카오페이
(핀테크) | 카카오
인베스트먼트
(투자) | 카카오
벤처스
(투자) |

카카오 매출과 영업이익

단위: 억 원

매출액

24,170　　　30,701　　　41,567

영업이익

729　　　2,068　　　4,560

2018년　　　2019년　　　2020년

다음과 멜론 인수하며 두 차례 거대 빅딜

카카오는 게임, 모빌리티, 금융, 엔터테인먼트, 콘텐츠 등 다양한 영역으로 사업을 확장하면서 크고 작은 관련 기업을 끊임없이 인수하는 전략을 펼쳤다. 기존 기업의 기술과 인력을 흡수해 카카오가 부족한 부분을 빠르게 보완하기 위해서는 인수합병이 최선의 수라고 판단한 것이다. 2016년에는 45개였던 계열사가 2021년 1월 말 기준 105개까지 늘어났다. 분사·독립과 같은 과감한 인수합병은 김범수 카카오 이사회 의장의 경영철학이 반영된 결과다. 김 의장은 2021년 3월 사내 간담회에서도 "기회를 잡기 위해선 새로운 회사가 나오면 빨리 인수하는 능력이 있어야 한다. 그래야 망하지 않는다"고 밝히기도 했다.

카카오의 기업 성장 역사는 두 차례의 거대 빅딜을 빼놓고 이야기할 수 없다. 빅딜로 승부수를 띄웠고, 새로운 매출 흐름을 만들며 성장의 모멘텀으로 활용했다. 업계에서는 두 번의 빅딜이 카카오의 초고속 성장을 위한 자양분이 됐다고 본다. 상대 기업의 콘텐츠와 기술 인력을 단숨에 확보해 기초 체력을 확 끌어올린 것이다.

2014년 포털 다음과 합병했을 때는 IT 업계 구성원 모두의 입이 벌어졌다. 2000년대 초까지 포털 업계 부동의 원톱 기업 다음을 회사 가치가 더 낮게 평가받고 있던 카카오가 인수했기 때문이다. 2014년 포털 다음의 기업가치는 1조 590억 원이었다. 한때 인터넷을 이용하는 대부분의 국민이 다음의 메일 서비스인 '한메일'에 가입해야 메일을 이용하는 것으로 오해할 정도로 다음은 내놓는 서비스마다 대박을 터트렸다. 1조 원이 넘는 다음의 기업가치는 당연한 일이었다. 마찬가지로 다음카페도 국민 서비스였다.

하지만 다음은 검색, 지식iN, 네이버카페 등 네이버의 서비스에 자사의 서비스가 모두 따라잡힌 뒤 격차가 계속 벌어졌다. 결국 모바일 시대의 흐름을 주도하던 카카오라는 라이징 스타가 웹 시대의 한때 영원한 전설이었던 다음을 인수하게 된다.

카카오가 2016년에 국내 최대 음악 서비스 '멜론' 운영사 로엔엔터테인먼트를 인수한 것도 국내 최대 빅딜로 꼽힌다. 무려 1조 8,700억 원에 사들였다. 로엔엔터테인먼트 인수 때는 '왜 갑자기 음악 사업을 시작하느냐'며 사내 반대 의견이 많았다. 하지만 김범수 의장은 안정적인 구독 매출 기반으로 현금 창출 능력을 보유한 멜론 인수를 강하게 어필했다. 실제로 멜론 인수 이후 정체된 카카오의 현금 흐름이 좋아졌고, 매출과 영업이익도 동반 상승했다. 2016년 2분기 카카오의 콘텐츠 매출은 전년 대비 157% 상승해 7,018억 원을 기록했다. 멜론 덕에 영업이익이 늘면서 카카오가 다른 분야로 투자할 수 있는 여력도 생겼다.

카카오 서비스의 처음이자 끝, 카카오톡

카카오톡은 하루에 주고받는 메시지만 110억 건, 이용자의 일평균 사용 시간은 41분에 달하는 국내 최대 메신저다. 항상 로그인이 돼 있다는 점은 여타 앱들과는 비교할 수 없을 정도의 장점이다. 이용자 모두가 로그인이 돼 있기 때문에 카카오톡에 새로운 서비스를 붙이기만 하면 사실상 전 국민이 서비스 이용 잠재 고객이 된다. 보통의 신규 서비스들은 서비스의 MAU를 어떻게 끌어올리느냐에 서비스의 성패가 달려 있다. 고객들을 자사의 서비스에 묶어둘 수 있는 방법을 고민하는 것이 최대 숙제다. 하지만 카카오는 카카오톡에 서비스를 붙이기만 하면 된다. 이처럼 카카오는 국민 메신저 카카오톡이라는 강력한 플랫폼에 탑재 가능한 콘텐츠를 시작으로 이용자와 일상의 각 영역을 연결하는 생활 밀착형 서비스에 주력하고 있다.

김범수 카카오 이사회 의장이 카카오톡을 단순한 메신저로 생각하지 않았던 점에서 카카오톡의 성공은 이미 예견됐다. 김 의장은 사업 초기부터 카카오톡을 플랫폼으로 키워 기업과 플랫폼 참여자가 모두 수익을 만들어내는 생태계를 만들고자 했다.

게임과 이모티콘이 대표적 성공 사례다. 카카오톡에서 게임을 내려받아 즐길 수 있도록 만든 것은 카카오톡을 전 국민 메신저로 거듭나게 한 가장 중요한 일이었다. 메신저로 사람을 모으고 난 뒤 비로소 플랫폼으로 확장될 수 있었기 때문이다.

카카오가 퍼블리싱한 국민 게임 '애니팡'은 게임머니 역할을 하는 하트를 카카오톡에 등록한 사람들에게 보내거나 받을 수 있었다. 애니팡 게임을 즐기기 위해서는 새로운 사람에게 하트를 보내야 했고, 카카오톡에는 신규 유저가 끊임없이 유입됐다.

'카카오톡+애니팡'의 결합 모델은 SNS 기반 회사가 돈을 벌 수 있는 새로운 길을 열어줬다. 카카오톡 메신저가 2010년에 생겨난 뒤 카카오톡 이용자가 점차 늘어 1억 명에 이르렀지만, 회사는 적자 구조를 면치 못하고 있었다. 그러던 차에 2012년 7월에 나온 애니팡으로 카카오는 첫 흑자를 냈다. 실제로 애니팡의 사례는 모바일에서 건실한 수익 모델을 만들어낸 최초의 사례였다.

2011년 11월 도입한 카카오톡 이모티콘도 카카오톡을 플랫폼 생태계로 키워낸 주요 비결이 됐다. 이모티콘은 문자보다 훨씬 더 풍부한 개인의 감정을 전달하는 대화 환경을 만들어내면서 이용자들의 이모티콘 상품 구매가 활발해졌다. 이모티콘 상품은 무려 7,500종을 넘었고, 매달 발신되는 이모티콘 메시지 수만 23억 건에 달한다. 카카오톡 이모티콘의 다양성을 위해서는 최대한 많은 작가가 참여해야 했는데, 카카오는 시간을 들여 작가들에게 공정한 생태계를 만들기 위해 노력했다. 그 결과 현재 1억 원 이상의 매출을 낸 이모티콘 상품만 1,000개가 넘고, 누적 10억 원 이상 매출 올린 이모티콘도 50개가 넘는다.

이 밖에 카카오톡 선물하기도 메시지처럼 편리하게 선물을 주고

받을 수 있다는 장점을 바탕으로 모바일 선물 문화를 확산시킨 카카오만의 대표 상품이다. 카카오톡 선물하기 서비스 출시 당시 15개에 불과했던 입점 브랜드는 현재 6,000곳을 넘어섰고, 2017년에 연간 거래액 1조 원을 돌파하는 등 지속 성장하고 있다.

카카오만의 정체성 확립은 이름에서 나온다

카카오의 100여 개 계열사 중에 카카오라는 이름을 붙인 곳은 스무 곳이 채 안 된다. 카카오 이름을 붙인 계열사들은 카카오가 지난 10년간 성장하면서 주력으로 키워온 사업을 꾸리고 있다. 카카오를 포함해 카카오모빌리티, 카카오페이, 카카오뱅크, 카카오페이증권, 카카오인베스트먼트, 카카오엔터테인먼트, 카카오벤처스, 카카오게임즈, 카카오엔터프라이즈, 카카오커머스, 카카오VX, 카카오브레인, 카카오스페이스 등이 있다.

카카오 이름을 붙인 계열사들은 카카오에서 분사하거나 인수합병을 통해 출범했다. 특히 분사된 계열사들은 분사하기 전에 먼저 서비스를 출시하며 서비스 성공 여부를 타진해본다. 그리고 독립했다. 카카오모빌리티가 이 같은 방식에 해당되는데, 카카오는 2015년 4월 카카오택시 서비스를 출시하며 모빌리티 시장의 가능성을 확인한 뒤 2017년 8월 카카오모빌리티를 분사 출범시켰다. 카카오택시는 기존 택시 서비스에 피로감을 느낀 고객들의 호응을 얻으며 출시한 지 1

년 만에 860만 명의 승객 가입자를 확보했다. 앱을 이용하면 평균 31초 만에 배차됐고, 결제 정보를 사전에 등록해 자동으로 결제되게 했다. 본인이 탑승한 택시 정보를 타인에게 카카오톡으로 전송할 수 있게 하면서 택시 안전성도 높아졌다. 현재 카카오모빌리티는 국내 택시 호출 서비스 시장에서 80%가 넘는 점유율로 업계 1위를 차지하고 있다.

인수합병 이후 신사업을 위해 새로 출범하면서 카카오라는 이름을 붙인 곳도 있다. 2020년 2월 카카오페이가 인수를 완료한 바로투자증권은 카카오 계열사로 편입 과정을 마친 뒤 카카오페이증권으로 사명을 바꿔 달았다. 카카오페이증권은 카카오페이 플랫폼의 편의성, 연결성, 기술력을 활용해 금융 서비스 경험이 부족하거나 자산 규모가 작은 이용자들도 증권 거래에 나설 수 있게 한다는 포부로 출범했다.

한편 새로운 사업 목표와 도약을 위해 카카오라는 이름을 과감히 버리기도 한다. 유아·아동 교육 플랫폼인 카카오키즈는 2020년 6월 야나두로 사명을 변경하고, 종합 교육기업으로 새 출발을 선언했다.

미래 먹거리 위해 자회사 간 새판 짜기도 활발

카카오에서 웹툰과 웹소설 등 콘텐츠 제작을 맡고 있는 카카오페이지는 2021년 3월 카카오M을 흡수합병해 카카오엔터테인먼트가 됐다. 카카오에서 연 매출 수천억 원 규모 자회사들이 합병하는 것은 처음 있는 일이다. 2019년 연결재무제표 기준 카카오페이지 매출액은 2,570억 원, 영업이익은 306억 원이었다. 카카오M 실적을 단순 합산하면 매출액은 6,100억 원, 영업이익도 500억 원까지 늘어난다. 카카오엔터테인먼트는 합병으로 IP뿐 아니라 아티스트, 음악, 드라마, 영화, 공연 기획, 제작사까지 유관 산업 가치사슬을 모두 갖추게 됐다.

이보다 작은 규모의 자회사 분할합병은 이전에도 있었다. 카카오 iX는 2015년 5월 카카오에서 분사한 이후 카카오프렌즈 캐릭터 상품 유통과 캐릭터 IP 라이선스 사업을 해왔다. 2020년 8월 카카오 iX는 카카오 iX의 일부 사업 부문을 분할해 카카오 본사와 카카오커머스에 각각 분할합병됐다. 카카오 iX의 리테일 부문은 선물하기, 쇼핑하기 등 이커머스 플랫폼을 운영하는 카카오커머스와 합병했다. 카카오커머스는 카카오 iX의 캐릭터 상품 개발 노하우를 커머스 사업 전반에 도입할 계획이다. 카카오프렌즈 캐릭터를 만들고 키워온 카카오 iX만의 역량을 최대한 활용하겠다는 것이다.

대신 카카오 iX는 2020년 12월 이름을 카카오스페이스로 바꾸고 부동산 관련 사업에 집중한다.

▶ 카카오 생존 전략 - 인수합병

3.0 시대 이끄는
한성숙과 여민수·조수용

네이버와 카카오의 3.0 시대는 한성숙 네이버 대표와 여민수·조수용 카카오 공동대표의 리더십으로 정리된다. 2017년에 부임한 한 대표는 2020년 연임을 확정했고, 2018년에 부임한 여·조 대표도 2020년 연임됐다. 이들이 써나가는 미래는 곧 네이버와 카카오의 미래이자, 한국 인터넷 기업의 미래다. 코스피 시가총액 10위 안의 두 회사 서비스가 우리 사회와 어떻게 맞닿는지에 따라 대한민국 산업계의 미래는 송두리째 바뀔 수 있다.

네이버 3.0 시대, 선택은 한성숙

한성숙 네이버 대표를 등판시키며 네이버는 자사의 3.0 시대를 열었다. 네이버 1.0 시기는 1999년 검색 서비스 사업자로 시장에 첫발을 내딛던 때다. 이해진 창업자와 6인이 네이버컴이라는 이름으로 회사를 처음 창업했지만, 검색 시장의 강자들 앞에서 시장 점유율을 높이기가 어려웠다. 당시 김범수(현 카카오 이사회 의장)의 한게임과 합병했다. 유료 게임인 한게임을 즐기는 충성고객에 기반한 트래픽을 네이버가 얻게 되자 성장의 모멘텀이 만들어졌다. 국내 인터넷 시장에서 검색 제왕으로서 입지를 구축하며 시장 지배력을 확대하던 시기가 바로 1.0의 시기다.

뉴스와 쇼핑 등 사업으로 뻗어나가며 고객 록인Lock-In 효과를 높이던 시기가 네이버 2.0의 시기다. 네이버 2.0 시기인 2009년부터 2016년까지는 법률가 출신의 김상헌 대표가 네이버를 이끌었다. 당시 세상에 없던 사업인 인터넷 사업이 새로운 영역으로 발을 뻗으면서 기존 산업들과의 충돌이 있었다. 법률가 출신의 분석적 리더십이 필요했다.

네이버 2.0 시기에서 네이버의 각종 서비스가 출현했고, 이제 서비스 경쟁력을 키우는 승부수를 띄워야 하는 상황에서 등판한 사람이 바로 한성숙 대표다. 한 대표는 대표를 맡기 직전 직함이 네이버 서비스 총괄이었다.

2017년부터 네이버에서 대표를 역임 중인 한성숙 대표

한 대표가 코스피 시가 총액 3위 회사의 대표를 5년 이상 맡는 것만으로 전례 없는 역사를 만들고 있는 것이라고 업계는 입을 모은다. 한 대표는 IT 관련지 기자로 사회생활을 시작했다. 1999년 엠파스 창립 멤버로 합류하면서 IT 업계에 처음으로 자리를 틀었다. 엠파스에서는 검색사업본부장을 맡았다. 당시 엠파스는 다른 포털의 DB에 있는 검색결과까지 자사의 검색 결과로 노출시키는 열린검색 서비스를 선보였다. 다른 포털의 내용까지 모두 검색되도록 했으니 업계 비판이 많았다. 하지만 그는 흔들리지 않았다. 당시 한 대표가 만든 엠파스의 공격적인 광고 카피는 여전히 회자된다. 당시 1위 포털이었던 야후코리아를 겨냥해 '야후에서 못 찾으면 엠파스에서'라는 카피를 내건 장본인이 바로 한 대표다. 서비스 확장을 위해서라면 상대 기업

이름을 직접 호명하면서 서비스 판을 키워온 것으로, 거침없는 한 대표의 성격 일부가 드러난다.

한 대표는 이후 네이버의 전신인 NHN으로 자리를 옮겼다. 검색 품질센터 이사, 네이버 서비스 1본부장, 서비스 총괄이사를 차례로 거쳤다. 한 대표는 네이버가 웹에서 모바일로의 서비스 전환을 이끌며 '모바일 시프트'를 만든 주역으로 꼽힌다. 2012년 6월 서비스 1본부장을 맡으면서 웹 기반의 네이버를 모바일 기반으로 바꿔냈다. 모바일 앱 첫 화면을 뉴스·검색뿐만 아니라 자동차, 재테크, 취업, 중국 등 가지각색의 주제로 사용자가 스스로 큐레이션할 수 있게 했다.

2023년까지 한 대표가 네이버 대표를 연임하게 된 것은 회사 안팎에서 기정사실로 알려졌다. 그가 네이버의 쇼핑과 웹툰 등 신사업을 성공적으로 끌어오며 사상 최대 매출을 연일 갱신하고 있기 때문이다. 한 대표의 취임 직전 해인 2016년 네이버의 연 매출은 4조 226억 원이었는데, 취임 3년 만인 2019년 연간 매출은 6조 원을 돌파했다. 라인과 야후재팬의 경영통합 이슈로 2020년에 관련 실적이 제외됐는데도 2020년 네이버의 연간 매출은 5조 3,041억 원, 영업이익 1조 2,153억 원을 기록했다.

한성숙의 입에서 네이버의 미래가 보인다

한 대표는 2020년 9월 한국인터넷기업협회 20주년 기념 인터뷰에서 지난 20년간 산업을 변화시킨 인상 깊었던 사건으로 모바일 휴대폰과 코로나19를 꼽았다. 한 대표는 "지난 20년 동안 휴대폰을 저희 모두 손에 쥐게 된 것이 가장 중요한 일이라고 생각한다. PC는 장소의 제약이 있지 않나. 사무실이나 집이라는 특정 공간에서만 사용할 수 있었다. 하지만 모바일 휴대폰을 통해 사람들이 모두 인터넷에 접속하게 됐고, 정보와 굉장히 쉽게 접촉하게 됐다. '내 손끝의 모든 정보'라는 IT의 특징이 가장 잘 드러나는 사건이 바로 휴대폰의 등장"이라고 밝혔다.

특히 한 대표는 "올해(2020년) 있었던 코로나는 인터넷 산업을 정말 본격적인 산업으로 만든 또 한 번의 계기"라고 강조했다. 미래에는 인터넷 산업이라는 명명도 없어질 것이라고 내다봤다. 그는 "인터넷 산업은 앞으로 모든 산업의 기반이 되는 기반산업의 단계로 넘어갈 것으로 보인다. 인터넷 산업이라는 이름의 구분 자체도 없어지고, 인터넷은 기본적으로 모두가 하고, IT 위에서 다양한 산업들이 융합하는 형태가 되지 않을까 한다. IT는 지금 맞닥뜨린 문제를 쉽고 편하게 해결할 수 있는 툴을 만드는 데 집중하고 있다"고 강조했다.

네이버의 사회적 가치가 중소상공인 사업자들과 창작자들의 디지털 전환을 돕는 데 있다고 재차 밝힌 것은 네이버의 기본 철학이 '디지털 전환 확산'에 있다는 것을 추측하게 한다. 한 대표는 "네이버는 다양성을 굉장히 존중한다. 창작자들, 사업자들, 유저들이 필요한 서비스가 무엇이고, 어떤 것들이 필요한 툴이고, 어떻게 하면 다 함께 잘 갈 수 있을까에 대한 고민들을 많이 한다. 특히 SME(중소상공인) 사업자들과 창작자들이 디지털 전환을 잘할 수 있도록 각종 IT 툴을 만드는 데 집중하고 있다"라고 말했다.

카카오 3.0 시대 문을 열다, 여민수와 조수용

카카오에는 여민수 대표와 조수용 대표가 있다. 2018년 3월 취임한 두 공동대표의 임기는 2020년 3월까지였다. 카카오는 2020년 2월 카카오의 여민수·조수용 공동대표 체제를 연장했다. 두 대표의 성과는 카카오의 눈에 띄는 실적 개선으로 엿볼 수 있다. 2017년 1조 9,700억 원이던 카카오 매출은 2018년 2조 4,170억 원, 2019년 3조 898억 원, 2020년 4조 1,567억 원까지 매년 지속적으로 상승했다.

2018년 3월 카카오는 두 공동대표의 취임과 동시에 카카오 3.0 시대를 선언했다. 당시 두 공동대표는 서비스 융합으로 더 큰 시너지를 만들겠다고 외쳤다. 조수용 대표는 "카카오 1.0은 카카오톡을 출시하며 모바일이라는 큰 시대적 흐름에 누구보다 빠르게 진입했던 시기, 카카오 2.0은 메신저를 뛰어넘어 다양한 영역으로 끊임없이 확장한 시기였다. 카카오 3.0은 시너지를 통해 성장 기회를 확대하고 적극적으로 글로벌 사업에 도전하는 시기가 될 것"이라고 밝혔다.

당시 두 대표의 입을 통해 강조된 것은 크게 두 가지였다. 첫 번째로 인공지능 스피커 카카오미니와 인공지능 플랫폼 카카오 i의 기술

2018년부터 공동대표 체제로 카카오를 이끌어온 여민수·조수용 카카오 공동대표

을 발전시키겠다는 계획을 밝혔다. 카카오미니를 음악 플랫폼 멜론과 결합해 이용자들의 음악 듣는 행태를 바꾸겠다고 했다. 카카오미니를 활용해 카카오톡 보내기, 카카오택시 호출하기, 음식 주문, 교통 안내 등 카카오의 주요 서비스를 모두 이용할 수 있도록 하겠다는 포부도 밝혔다. 인공지능의 미래를 준비하겠다는 선언이었다. 두 번째로는 IP를 기반으로 글로벌 사업의 주요 거점인 일본 시장에서의 영향력을 확대하겠다고 했다. 웹툰 IP를 기반으로 전 세계 최대 글로벌 만화 시장인 일본 시장을 공략하겠다는 것이었다.

3년이 지난 뒤 카카오 3.0 시대는 어떻게 진화됐을까. 당초 계획한 것들은 내부분 실현됐다. 카카오는 인공지능 기술 개발의 선봉장으로 자회사 카카오엔터프라이즈를 맨 앞에 내세웠다. 카카오엔터프라이즈는 2020년 1월 분사한 지 1년 만에 1조 원 이상의 기업 가치를 지닌 회사로 인정받았다.

일본에서 활동하는 웹툰 자회사 카카오재팬의 성과가 쌓이면서 일본 만화 시장에서도 카카오만의 강점을 인정받고 있다. 2016년 출시된 카카오재팬의 일본 웹툰 플랫폼 픽코마는 2020년 9월 양대 앱 마켓(구글 플레이스토어, 애플 앱스토어)에서 전 세계 만화 앱 매출 1위를 달성했다. 2020년 7월에는 일본에서 처음으로 비게임 앱 매출 1위를 기록하기도 했다. 픽코마가 일본 비게임 앱 매출 1위를 차지한 2020년 3분기 거래액은 1,300억 원 수준이었는데, 이는 전년 동기 대비 247%가 늘어난 수치였다.

카카오 구성원의 자질, 충돌의 자유를 보장하라

"나보다 동료의 생각이 더 옳을 수 있다는 믿음을 가지는 것, 여기서 발전이 시작된다고 생각합니다. 든든한 동료들, 인사이트를 많이 줄 수 있는 동료들로 가득 찬 회의에서 내 생각이 틀릴 수 있다고 여기는 건 굉장히 자연스러운 생각이거든요. 이러한 태도가 발전의 기반이 되는 가치라고 봅니다."

2020년 7월, 카카오톡 출시 10주년을 맞이해 여민수·조수용 공동대표는 카카오가 원하는 미래 인재상을 그렸다. 카카오 정신을 보유한 카카오 구성원(크루)들이 가져야 하는 가치들이다. 두 공동대표가 말한 핵심 가치는 크게 다섯 가지다.

1) 가보지 않은 길을 두려워하지 않는다.
2) 무엇이든 본질만 남기고 처음부터 다시 생각해본다.
3) 나보다 동료의 생각이 더 옳을 수 있다는 믿음을 가진다.
4) 스스로 몰입하고 주도적으로 일한다.
5) 세상을 선하게 바꾸려고 노력한다.

조수용 대표는 첫 번째 가치와 관련해 "가보지 않은 길을 가야 할 때 너무 움츠러들지 않고 용기를 내겠다는 메시지다. 과거에 얽매여 있으면 다음이 없을 거라는 의미에서 뭔가 새로움이 생겼을 때 두려워하지 말자는 뜻"이라고 설명했다. 본질과 관련한 두 번째 가치에 대해서는 "표면에 드러나 있는 걸 보면 자꾸 그것을 따라갈 수밖에 없다. 왜 그랬을까. 본질로 들어가야 바꿀 수 있는 것들이 있다"고 말했다.

특히 카카오 리더의 자질은 세 번째 핵심 가치와 직접 연결된다. 여민수 대표는 "우리가 굉장히 강조하는 지점이 '충돌할 수 있는 자유'를 보장한다는 부분이다. 카카오의 리더라면 나도 충돌당할 수 있고 충돌할 수 있는 그런 자세를 견지하는 것"이라고 설명했다.

포스트 코로나19 시대를 대비해 나아가야 할 방향도 제시했다. 특히 플랫폼 이용자들의 연령대가 다양해졌음을 인식해야 한다고 말했다. 여민수 대표는 "최근 코로나19로 플랫폼을 이용하는 사람들이 굉장히 다양해졌고, 70~80대도 음식을 주문해 먹거나 물건을 사야 하는데 계정 만들기부터 신용카드 연결 등 안 해보신 분들은 어렵다. 일단 쉽게 만들어줘야 한다. (그것이) 우리가 가야 할 방향 중 한 사례"라고 강조했다.

카카오의 모든 성공은 결국 사람과 사람을 기술의 힘으로 연결하는 공통점을 갖고 있다고 분석한다. 조수용 대표는 "카카오가 성공시켜왔던 것들 대부분이 사람과 사람을 연결하는 인간 삶의 본능에 대한 이야기다. 성공 사례는 그것을 기술의 힘으로 더 스마트하게 연결시킨다는 공통점을 갖고 있다. '사람과 기술'이라는 두 가지 테마는 굉장히 평범한 표현이지만, 이 두 가지 개념만 살아 있다면 카카오는 앞으로 할 일이 진짜 무궁무진하게 많다. 두 가지 조합은 계속 달라질 수밖에 없는 방정식을 갖고 있다. 그게 카카오의 미래일 수밖에 없지 않을까"라고 말했다. 결국 생활 속 다양한 일반인들의 영역을 기술과 더 긴밀하게 연결해내는 방법에 대한 고민이 카카오의 성장을 담보할 것이라는 얘기다.

삼성SDS 출신 두 창업자,
이해진과 김범수

네이버와 카카오에는 이건희의 DNA가 있다. 이해진 네이버 GIO 와 김범수 카카오 이사회 의장의 성공은 1990년대 말 국내 유일 벤처 사관학교, 정보기술IT사관학교 역할을 했던 삼성SDS까지 거슬러 올라가야만 설명된다. 두 사람을 포함해 남궁훈 카카오게임즈 대표 등이 모두 삼성SDS에서 사회생활을 시작했다. 이건희 전 삼성전자 회장의 삼성 DNA가 2021년 한국 경제를 이끌어가는 BBIG(배터리, 바이오, 인터넷, 게임) 기업에 고스란히 녹아 있다.

김범수 카카오 의장은 2020년 10월 고 이건희 삼성전자 회장의 빈소를 조문하면서 언론에 모습을 비쳤다. 김범수 의장은 45분간 조문하고 나와 언론 앞에 섰다. 그는 "제 직장은 삼성이 처음이자 마지

1985년 삼성그룹의 정보통신기술 계열사로 설립된 삼성SDS

막이었다. 삼성에서 배운 모든 것이 고스란히 한게임이나 네이버나 카카오로 이어졌다"고 밝혔다. 김 의장은 "삼성이 한창 변화하며 신경영, 프랑크푸르트선언을 할 때 삼성에 있었던 사람으로서 회장님의 경영방식이 (제게도) 배어 있다고 생각한다. 이해진 GIO도 삼성입사 동기였다. 이후 삼성 키즈들이 한국의 새로운 사업을 이뤄냈고, 네이버·카카오 출신들이 사업을 일궈내는 게 이어지고 있다"고 말했다. 자신이 삼성의 DNA를 가졌음을 공공연하게 밝힌 것이다.

삼성SDS서 뻗어나간 네이버, 카카오

삼성SDS는 1985년 삼성그룹의 정보통신기술ICT 계열사로 설립됐다. 이곳은 삼성그룹의 통합 전산실로, 당시 삼성SDS는 서울대 공대생들에게 취업 1번지로 꼽혔다. 컴퓨터와 인터넷에 빠진 괴짜들에게 각종 인터넷 기획과 개발, 사내벤처까지 독려했다. 인터넷과 컴퓨터를 마음껏 쓸 수 있는 환경에서 오늘날 한국 IT 산업을 이끄는 대부분 기업의 싹이 돋아난 셈이다.

김범수 의장과 이해진 GIO는 1992년 삼성SDS 입사 동기다. 이들은 입사 초창기인 1993년, 이건희 전 회장이 '마누라와 자식 빼고 다 바꾸라'던 프랑크푸르트선언을 직접 겪었다. 김 의장은 인터넷이 태동하던 1996년 사내에서 PC통신 유니텔의 개발과 운영을 맡았다. 유니텔은 출시 3년 만에 가입자 100만 명을 확보했고, 당시 업계 1위였던 천리안을 바짝 추격했다. PC통신 사업에서 인터넷의 미래를 본 김 의장은 삼성SDS를 그만뒀다. 이후 한양대 앞에서 PC방 미션넘버원을 차렸다. PC방 고객관리 프로그램으로 전국 PC방 업주를 사로잡으며 종잣돈을 모았고, 이윽고 온라인 게임 포털 한게임커뮤니케이션을 설립한다.

김 의장이 PC방 사업을 할 때 PC방 요금정산 프로그램을 만든 사람이 문태식 카카오VX 대표이고, 전국 PC방에 영업을 다닌 사람이 바로 남궁훈 카카오게임즈 대표다. 특히 남궁 대표는 김 의장과 삼성SDS 유니텔 팀에 함께 있었던 후배였다.

네이버 창업자인 이해진 GIO도 입사 5년 차인 삼성SDS 과장 시절 벤처 아이템을 구상했다. 이 GIO는 신입사원 3명과 함께 네이버의 모태가 되는 웹글라이더 팀을 만들고 연구 개발에 매진했다. 당시 삼성SDS는 사내 벤처기업이 일정 기간 인큐베이팅 기간을 거치면 독립기업으로 분사시키는 사내벤처포트 제도를 도입했다. 이때 사내 공모 선정 1호 벤처가 바로 네이버다. 이 GIO는 1999년 네이버컴이라는 회사를 차리면서 회사에서 독립했다. 2000년 김범수 의장의 한게임과 합병했고 NHN 시절 이후 지금의 네이버로 성장한다.

이해진과 김범수 두 사람이 각자의 미래 비전을 세우는 입사 초창기, 그들에게 일생일대 영향을 미치는 사건이 벌어졌는데, 바로 1993년에 있었던 이건희 회장의 프랑크푸르트선언이다. 입사 2년 차에 회사 최고경영자가 전체 그룹사의 마인드를 송두리째 바꾸는 비전을 선포한 것이다. "삼성은 이제 양 위주의 의식, 체질, 제도, 관행에서 벗어나 질 위주로 철저히 변해야 한다. 바꾸려면 철저히 바꿔라, 농담이 아니라 마누라, 자식 빼고 다 바꿔라"라고 했다. 당시 삼성그룹은 이 강연 내용을 전국 사업장에 방영했다. 삼성의 임직원 모두에게 내용을 접하게 하기 위해서였다. 내용이 충격적이어서 주요 일간지와 KBS를 통해 전국에 방영됐다. 전국이 말 그대로 난리가 났다. 입사 2년 차 직원이던 이해진, 김범수의 마음속에 큰 파동이 일었을 것이다. 2021년 4월 기준 네이버와 카카오를 포함해 코스피 시가총액 10위 안에 삼성과 연관 있는 회사는 모두 5개다. 삼성전자, 네이버, 삼성바이오로직스, 카카오, 삼성SDI 등이다.

이해진, 네이버는 제국주의에 대항해 끝내 살아남길

이해진 GIO와 김범수 의장은 모두 사회문제에 관심이 많다. 이해진 GIO와 비교했을 때 김범수 의장의 사회 활동은 더 활발하다. 여기서 이해진은 '은둔형 경영자'라는 호칭이 붙었다. 하지만 이해진 GIO에게 은둔형이라는 칭호는 달갑지 않다. 언론에 모습을 드러내지 않았을 뿐, 사내에서는 활발하게 소통을 이뤄왔기 때문이다.

이해진 창업자의 직함은 현재 글로벌투자책임자, GIO다. 창업자이긴 하지만 현재 위치는 회사 등기이사 중 한 명이고, 네이버에서 그의 지분율은 겨우 3%대에 불과하다. 이해진 GIO는 2017년 이사회 의장의 자리를 내려놓은 뒤 유럽 시장 개척에 나섰다. 10년 동안 직접 일본 시장을 개척하며 결국 라인이라는 성공을 만들어낸 것처럼 또 다른 성공의 영감을 얻기 위해 직접 나선 것이다. 이 GIO는 유럽 시장 개척에 나선 이유에 대해 "회사는 좋은 후배들이 잘 이끌어가고 있다. 후배들은 메인 싸움을 하고, 저는 회사의 메인 사업에서 한발 물러나 있다. 회사가 이제는 투자를 잘해야 하는 때가 된 것 같다. 중국과 미국이 어마어마한 자본과 조직으로 투자하고 있는데, 네이버는 작은 자본이지만 어떻게 투자할지 보고 있고, 유럽에서 기회를 보는 게 저의 역할이라고 생각하고 있다"고 밝혔다.

이 GIO의 사명감은 단순히 국내 1위 인터넷 기업을 건사하겠다는 정도가 아니다. 글로벌 제국주의에 항거하는 마지막 기업으로 남

네이버의 글로벌투자책임자(GIO)를 맡고 있는 이
해진 네이버 창업자

고 싶은 마음이다. 2019년 열린 한국사회학회·한국경영학회 공동 심
포지엄에서 이 GIO가 네이버의 사명과 자신의 역할에 대해 언급하
기도 했다.

　네이버는 그에게 무엇일까. 네이버는 한국의 문화 주권과 언어 주
권을 동시에 지킬 수 있는 일종의 사명이었다. 이 GIO는 "인터넷 기
업을 하면서 우리가 우리 손으로 데이터를 가지고 있다는 것이 의미
가 있다고 느꼈다. 한 나라의 주권이나 문화를 이야기할 때는 그 나
라의 데이터를 얼마나 잘 지키고 있는지가 중요하다. 우리의 인프라
를 잘 지켜내서 후손들이 봤을 때도 '그 당시 네이버가 있어서 지금
데이터를 우리 마음대로 분석할 수 있구나'라는 얘기를 할 수 있었으

면 좋겠다"고 바람을 드러냈다.

글로벌 IT기업 구글은 제국주의라고 명명하며 다양성 측면에서 바람직하지 않다고 했다. 이 GIO는 "시가총액이 1,000조 원에 육박하는 기업은 역사상 처음이다. 이는 사실상 제국주의이며 검색 시장의 다양성 측면에서도 좋은 일이 아니다. 네이버가 이런 제국주의에 저항해서 살아남은 회사였으면 좋겠다. 후손들이 봤을 때 네이버가 있어서 우리 마음대로 분석하고 잘 볼 수 있다는 얘기를 들으면 좋을 것"이라고 했다. 그는 또 "글로벌 검색엔진 외에 자국 검색엔진이 있어야만 다양성이나 문화적인 것을 지켜갈 수 있다. 구글은 구글대로 좋은 검색 결과가 있고 네이버는 네이버대로 좋은 검색 결과가 있다"고 말했다.

앞으로의 5년, 10년 이후의 네이버 자회사들에 대한 신뢰도 건넸다. 이 GIO는 "네이버의 자회사를 이끌고 있는 후배들의 역량이 회사를 살아 움직이게 만들고 있다. 앞으로는 자회사들이 네이버보다도 더 큰 회사가 되어서 네이버는 결국 대중들의 기억 속에 잊혀지고, 훌륭한 자회사들의 시작이 네이버였다는 말을 듣고 싶다"라고 밝혔다.

김범수의 재산 절반 기부 행보, 사회문제 해결해야

2021년 2월 김범수 의장은 자신의 전 재산의 절반을 사회에 환원하겠다고 밝혔다. 국내에서 김 의장은 이재용 삼성전자 부회장, 정몽구 현대차그룹 명예회장에 이어 주식 부자 3위다. 김 의장의 재산만 10조 원을 넘는 것으로 추산된다. 그런데 최소 5조 원 규모를 기부하겠다고 나선 것이다.

김범수 의장은 2020년부터 측근들을 통해서 "수조 원 규모의 사회 환원 방법을 알아봐 주세요"라고 지시한 것으로 전해진다. 특정한 이슈에 대응하기 위한 돌파구로 기부 카드를 내세웠다기보다 오래된 결심을 속도감 있게 내비친 것으로 볼 수 있는 대목이다.

그는 특히 코로나19로 사회적 약자들이 생계에 위협을 받는 상황을 안타까워했다고 한다. 김 의장은 2021년 2월 초 카카오 임직원에게 보내는 신년 카카오톡 메시지를 통해서도 "사회문제가 다양한 방면에서 더욱 심화되는 것을 목도하며 더 이상 결심을 더 늦추면 안 되겠다는 생각이 들었다"고 밝힌 것도 같은 맥락에서다.

김 의장은 단순히 돈을 기부해 이익을 나누는 수준이 아니라 카카오만의 방식을 고민하고 있다. "구체적으로 어떻게 사용할지는 이제 고민을 시작한 단계이지만, 카카오가 접근하기 어려운 영역의 사회문제를 해결하기 위해 사람을 찾고 지원해나갈 생각이다. 구체적인 계획은 크루(카카오 구성원) 여러분들에게 지속해 공유하며 아이디어

김범수 카카오 이사회 의장

사진: 카카오

도 얻고 기회도 열어드릴 것"이라고 밝혔다.

　김 의장은 수년 전부터 사회문제 해결을 입에 달고 살았다. 2020년 3월 카카오톡 출시 10주년을 맞이해 전 직원에게 보내는 메시지에서도 사회문제 해결 얘기를 꺼냈다. "(카카오톡 향후 10년의) 시즌 2에는 우리만의 문화, 넥스트 비즈니스의 고민을 넘어 사회문제 해결의 주체자로 우리의 역할도 포함돼야 함을 이야기하고 싶습니다. 사회문제를 해결하는 가장 효율적인 조직이 기업일 수 있습니다. 급격히 발전하는 기술과 우리만의 문제 해결 방식으로, 사람들이 어려움을 겪고 있는 많은 사회 문제들을 하나씩 해결해나가는 데 크루들이 관심을 가졌으면 좋겠습니다. 10주년, 누군가에게는 벌써일 수도 있지만 저에게는 아직입니다. 아직 카카오는 하고 싶은 것도, 할 수 있는 것도, 해야만 하는 것도 너무 많습니다. 저 혼자만의 생각으로 만들 수 있는 미래가 아닙니다. 카카오가 태어나기 전보다 조금이라도 더 나은 세상을 만드는 데 모두의 지혜를 모아주기 바랍니다."

5조 원의 재산은 인재를 육성하기 위한 투자, 결국 사람에 대한 투자에 본격 사용될 것으로 전망된다. 사회문제를 해결하는 시스템이나 기술을 만드는 것이 결국 사람이기 때문이다.

김 의장은 단순한 재정 지원이 아니라, 문제를 해결할 수 있는 사람을 키우고 기회를 주는 방식에 늘 주목해왔다. 실제로 김 의장의 사람에 대한 투자는 카카오 전신인 아이위랩 설립 당시로 거슬러 올라간다. 당시 그는 후배 기업가 양성을 목표로 내세우며 100인의 CEO를 양성하겠다고 선언했다. 실제로 이 선언은 2012년 카카오벤처스를 설립해 180여 개 스타트업에 투자를 진행하는 계기가 됐고, 다수의 스타트업들이 카카오 계열사로 편입되며 사람 투자의 결과물이 됐다. 2016년 스타트업캠퍼스 총장으로 취임하며 전달했던 메시지도 같은 연장선에 있다. "가르치는 쪽도 배우는 쪽도 단순히 지식에 집중하지만, 이젠 스스로 세상의 문제를 정의하고 해결해나갈 수 있는 능력을 키울 수 있어야 합니다."

김 의장의 카카오톡 프로필 메시지에는 미국 시인 랠프 월도 에머슨의 시 〈무엇이 성공인가〉에서 따온 '더 나은 세상'이라는 구절이 쓰여 있다고 한다. 시에서는 진정한 성공을 이렇게 기록한다. "세상을 조금이라도 살기 좋은 곳으로 만들어 놓고 떠나는 것, 자신이 한때 이곳에 살았음으로써 단 한 사람의 인생이라도 행복해지는 것, 이것이 진정한 성공이다."

쇼핑,
최저가 목록 보여주기 네이버
VS
친구 선물하기 카카오

 VS

네이버 vs 카카오

네이버,
최저가 목록 보기 서비스로
쇼핑 1위

직장인 손아현 씨는 최근 구매한 아이템 중 가장 현명한 소비 1위로 다이슨 에어랩을 꼽는다. 헤어 스타일링에 성능이 넘사벽이라고 꼽히는 제품이었지만, 비싼 가격에 마음이 걸려 구매하지 못하고 있었다. 상품을 구매하기로 마음먹고 제일 먼저 네이버 웹사이트에 접속해 네이버 쇼핑 탭에서 다이슨 에어랩을 검색했다. '다이슨 에어랩 스타일러 볼륨 앤 쉐이프'라는 항목이 검색됐다. 네이버랭킹 순부터 낮은 가격 순, 높은 가격 순, 등록일 순, 리뷰 많은 순 등으로 필터링도 됐다. 리뷰 많은 순으로 필터링하자, 4,600개의 리뷰를 보유한 상품이 맨 위에 떴다.

상품 오른편에는 쇼핑몰별 최저가가 기록돼 있었다. 쿠팡부터 G

마켓, 옥션, 티몬 등 순으로 가격이 한눈에 들어왔다. 쇼핑몰별 최저가 중에도 네이버페이플러스 마크가 붙어 있는 쇼핑몰이 눈에 띄었다. 손 씨는 네이버의 유료 멤버십 서비스인 플러스 멤버십 서비스를 이용하고 있었기 때문에 해당 쇼핑몰에서 물건을 구매하면 할인을 받을 수 있었다. 게다가 물건을 판매하는 스토어를 단골 스토어로 설정하는 '스토어찜' 기능을 이용했더니, 해당 스토어에서 3,000원짜리 추가 할인 쿠폰을 발행해줬다. 모든 혜택을 적용받고 나니, 8.5%에 가까운 할인 혜택을 누릴 수 있었다. 물건이 배송됐고, 제품 리뷰까지 썼더니 추가로 또 적립금을 받았다. 누적 할인 혜택은 10%에 가까웠다. 제품의 성능은? 당연히 좋았다.

—
국내 이커머스 1위 업체는 바로 네이버

국내 이커머스 1위 업체는 어디일까. 로켓배송 서비스를 전면에 내세우며 미국에 상장해 100조 원 평가를 받은 쿠팡일까? 아니다. 국내 이커머스 업체 1위는 바로 네이버다. 국내 온라인 쇼핑 거래액은 2020년 한 해 동안 161조 원 규모로 추정된다. 바로 직전 해인 2019년 135조 원보다 26조 원이 늘어나며 쇼핑 시장이 크게 성장했다. 거래액 기준 시장 점유율 1위는 17%의 네이버다. 2위는 13%인 쿠팡, 3위는 12%인 이베이코리아다. 앱·리테일 분석 서비스 와이즈앱에 따르면 2021년 1월 기준 네이버는 2조 8,056억 원의 결제액을

2020년 이커머스 거래액 기준 국내 1위를 차지한 네이버

사진: 네이버 쇼핑 홈페이지 화면 캡처

기록하며 '만 20세 이상 한국인이 가장 많이 결제한 온라인 서비스' 1위를 차지하기도 했다. 2조 4,072억 원의 쿠팡, 1조 6,106억 원의 이베이코리아를 앞선 수치다.

현시점에 온라인 쇼핑의 최상위 포식자로 모든 온라인 쇼핑 수요를 빨아들이고 있는 회사가 바로 네이버다. 네이버가 어떻게 온라인 쇼핑 세계에서 왕관을 쓸 수 있었는지 알아보자.

네이버의 쇼핑(이커머스) 관련 사업은 크게 네이버 쇼핑(상품검색 및 가격비교), 스마트스토어(오픈마켓), 네이버페이 등이다.

네이버는 온라인 검색 1위의 파워를 바탕으로 '쇼핑검색'의 장점과, 적립금 혜택을 주는 '네이버페이' 서비스를 결합해 급성장했다.

먼저 네이버는 상품검색에서 압도적인 우위를 보인다. 상품 정보,

상품 후기, 판매자 리스트, 판매자 후기, 가격 정보 등이 클릭 몇 번에 원스톱으로 제공된다. 네이버 검색창에서 상품명만 검색하면 각각의 이커머스 결제 채널별로 상품 가격, 결제 조건, 배송료 등의 정보를 깔끔하게 정리해 보여준다. 개별 온라인 쇼핑몰에서 일일이 발품을 들이지 않더라도, 내가 사고 싶은 상품명만 검색창에 입력하면 구매하고자 하는 상품을 어느 업체에서 가장 저렴하게 구입 가능한지 확인할 수 있다. 추천 상품을 '낮은 가격 순' 등으로 한눈에 볼 수 있도록 정리해주는 게 최대 장점이다. 이 같은 편리함 때문에 이커머스가 익숙하지 않았던 50대 이상의 세대들도 네이버 쇼핑을 통한 물건 구매에 뛰어들었다. 네이버는 "코로나19가 시작한 2020년 1분기에 50대 이상 네이버페이 결제자 수는 전년 동기 대비 53% 증가했다"고 밝혔다.

네이버 쇼핑 강화의 핵심 퍼즐로는 네이버의 유료 회원제 서비스인 네이버 플러스 멤버십도 한몫한다. 네이버는 2020년 6월부터 해당 서비스를 시작했다. 가격은 한 달에 4,900원인데, 네이버 쇼핑·예약·웹툰 서비스 등에서 네이버페이로 결제할 경우 월간 결제금액 20만 원까지 기본 구매 적립 외 4% 추가 혜택을 받아 최대 5%를 적립받게 된다. 또 20만 원부터 200만 원까지 결제금액에 대해서는 기본 구매 적립 외 추가 1% 적립 혜택을 받는다.

멤버십 적립 혜택은 네이버페이 이용 시 제공되는 다양한 적립 혜택들과 별도로 중복 적용이 가능하다. 예를 들어 멤버십 회원이 MY

단골 스토어에서 네이버페이 포인트를 충전해 상품을 구매하면 멤버십으로 적립하는 5%포인트에, MY 단골 스토어 쇼핑 시 지급되는 2% 추가적립 혜택을 누릴 수 있다. 거기다 네이버페이 포인트 충전 시 지급되는 1.5% 혜택을 모두 적용받으면 최대 8.5% 적립이 가능하다. 아울러 네이버 쇼핑을 통해 구매한 상품의 후기를 사진, 동영상 등으로 올리면 추가적립 혜택이 있다. 총 10% 안팎의 적립이 가능한 셈이다.

샵N → 스토어팜 → 스마트스토어로 확장된 스몰 비즈니스

네이버가 쇼핑에 본격적으로 뛰어든 때는 2012년 오픈마켓형 서비스 샵N을 오픈하면서다. 판매자가 자신의 상점을 직접 개설하고 상품정보를 등록한 후 판매할 수 있게 했다. 이베이코리아, 11번가 등 오픈마켓 업체들은 크게 반발했다. 쇼핑검색 서비스 사업자인 네이버가 직접 유통사업에 뛰어드는 것이 부당하다는 게 골자였다. 쇼핑검색 결과에서 네이버 입점 업체 상품을 상위에 노출시키는 등 우대해주는 것 아니냐는 의혹도 제기됐다. 당시 네이버는 검색 알고리즘에 따라 검색결과가 나오기 때문에 네이버 입점 업체를 따로 우대하지 않는다고 설명했지만, 오픈마켓 업계에서는 "심판이 직접 선수로 뛰는 것과 마찬가지"라는 불만을 내놨다. 온라인 골목상권 침해 등 논란이 커지자 네이버는 2014년 샵N을 철수했다. 대신 전략을 바꿔 입점 수수료가 0원인 스토어팜(현 스마트스토어)을 출시했다. 오픈마켓 수수료를 받지 않고 광고와 검색, 네이버페이 수수료만 받기로 했다. 이후 네이버는 2~3년간의 안정화 기간을 거친 뒤 2018년, 스토어팜을 데이터 통계와 모바일 기능을 강화한 스마트스토어로 개편했다.

2021년 4월 기준 45만 곳의 판매자가 등록된 스마트스토어는 저렴한 수수료와 무료 상품 등록, 국내 최대 포털이 가진 풍부한 구매자 층을 이용해 스몰 비즈니스를 벌일 수 있다는 게 장점이다. 특히 입점 수수료는 없고, 카드결제 등 PG(전자결제대행)사에 주는 결제 수수료가 2~3% 정도, 네이버 쇼핑에 노출해 결제가 완료되면 2%의 수수료를 더 받는 방식이라 최대 5~6%의 수수료를 받는다. 옥션이나 G마켓, 11번가 등 오픈마켓이 보통 8~12%의 수수료를 떼는 것보다는 훨씬 저렴하다.

스마트스토어가 급성장하면서 네이버에 입점한 회사가 40만 개를 넘어가자 네이버는 2021년 3월 초, 스마트스토어를 기반으로 한 중소상공인SME, Small Medium Enterprise 지원 프로그램 프로젝트 꽃 5주년 행사를 개최했다. 이 자리에서 한성숙 네이버 대표는 "2016년 4월 연간 1만 창업을 이끄는 것을 목표로 시작했던 프로젝트 꽃이 42만 스마트스토어 창업으로 이어졌다"고 회상했다. 네이버는 2021년부터 진행될 중소상공인 지원 계획을 프로젝트 꽃 2.0으로 명명했다. 프로젝트 꽃 2.0에서는 스마트스토어의 성공 경험을 바탕으로 자신의 스토어를 브랜드로 확장하고자 도전하는 중소상공인을 적극 지원할 예정이다.

스몰 비즈니스의 퀀텀점프를 위해 네이버가 에너지를 가장 많이 쏟는 부분은 바로 SME 특성에 맞는 물류 솔루션 제공이다. SME가 판매하는 제품이 신선식품인지, 패션 관련 상품인지에 따라 물류의 특성이 달라져야 하기 때문이다. 신선식품의 경우 산지 직송 생산자들의 물류가 고른 품질을 유지할 수 있도록 하는 빠른 배송과 콜드체인 배송이 이뤄져야 한다. 산지에서 물건을 보내는 농부들의 상품은 주로 브랜딩과는 거리가 멀게 느껴졌기 때문에 네이버는 이와 관련한 브랜딩까지 지원할 계획이다.

특히 동대문 패션을 1번으로 시작해서 SME의 글로벌 진출 가능성도 타진해볼 예정이다. 네이버는 동대문 물류 스타트업인 브랜디, 신상마켓 등과 제휴를 맺고, 동대문 패션 판매자들에게 동대문 스마트 물류 솔루션을 제공한다. 물류 문제만 해결이 되면 동대문의 오래된 판매자들도 제품의 선정과 코디, 큐레이션 등 판매와 마케팅에만 집중할 수 있게 돼 매출의 급성장을 만들어낼 것이라고 네이버는 확신하고 있다.

중소상공인을 위한 전문 교육 기관 '네이버 비즈니스 스쿨'도 네이버가 중소상공인의 디지털 확장을 돕기 위한 움직임이다. 이 기관은 40명의 네이버 소속 전문가가 직접 이끈다. 사업자와 창작자들의 교육 이력과 성과를 체계적으로 분석해 사업에 즉각적으로 도입할 수 있도록 한다. 네이버 측은 "데이터 기반의 체계적인 코스와 함께 인터넷 플랫폼과 비즈니스에 대한 이해도가 매우 높은 네이버 직원들이 전담해 개발하는 커리큘럼을 마련한다. 중소상공인과 창작자들을 위해 글로벌 최고 수준의 전문 교육과 컨설팅을 지원하는 온라인 교육 플랫폼으로 발돋움할 것"이라고 강조했다.

네이버, 24시간 당일배송 구축의 핵심은 CJ대한통운

네이버는 2020년 10월, CJ와 6,000억 원 상당의 지분교환을 통해서 CJ대한통운 지분을 확보했다. 사실상 24시간 당일배송 체계 구축을 선언한 것으로 이해하면 된다. 그간 네이버는 배송 시스템이 고질적인 약점으로 지적돼왔다. 배송이 느리지는 않았지만, 자체 배송 시스템을 갖추지 않았기 때문에 배송 속도가 평범한 수준이었다. 네이버는 이 같은 배송 문제를 CJ대한통운을 통해 해결하고자 한다. 소비자들을 위한 24시간 당일배송 체계를 구축하고, 자체 물류를 구축하기 어려운 네이버 스마트스토어 판매자들에게 편의성이 높은 물류 배송을 제공하겠다는 의지다. CJ대한통운의 물류 시스템을 활용할 수 있다면, 네이버가 쇼핑에서 유일한 약점으로 지목된 배송 능력을 보완하면서 쇼핑 시장 지배력을 더욱 강화하게 된다.

CJ대한통운 지분 인수 이전에 네이버는 물류 협력사에 대한 투자를 통해 물류와의 접점을 만들어왔다. 2020년 3월에 위킵(투자금 55억 원), 두손컴퍼니(네이버 투자 포함 누적 투자금 64억 5,000만 원) 등 풀필먼트 Fulfillment 기업에 투자했고, 2017년에는 IT 기반 종합 물류 플랫폼 기업 메쉬코리아에도 350억 원을 투자했다. 풀필먼트는 온라인에서 상품을 주문한 뒤 배송할 때까지 모든 물류 과정을 대행해주는 서비스다. 물류창고에 재고를 보관해주고 주문이 들어오면 물건을 바로 포장해 배송한다.

네이버의 풀필먼트 구축 전략은 네이버가 직접 물류를 수행하지는 않는 방식으로 구현된다. 즉, 수많은 물류 파트너의 서비스를 플랫폼에 모아서 물류가 필요한 입점 판매자들의 니즈에 맞춰 제공하는 형태다. 앞으로 네이버는 CJ대한통운의 풀필먼트 서비스를 스마트스토어와 연계하는 방향으로 협력 관계를 강화하게 된다.

마침 CJ대한통운도 2020년 8월 온라인 쇼핑몰을 대상으로 물류 배송을 대행하는 e-풀필먼트 서비스를 본격화했다. 쇼핑몰 입점 업체가 상품을 물류센터로 보내면 창고 입고에서부터 배송까지 모든 절차를 CJ대한통운이 대행한다. 입점 수수료가 부과되지만 쿠팡, 마켓컬리, SSG닷컴 등처럼 자체 물류망을 구축하는 데 드는 직접투자 비용을 절감할 수 있다는 게 장점이다.

게다가 CJ대한통운은 아시아 최대 규모의 물류센터를 보유하고 있다. 2018년 경기 광주시 곤지암에 완공한 메가허브터미널은 축구장 16개를 합친 규모(11만 5,500㎡)다. 곤지암 풀필먼트 센터 구축에만 3,800억 원이 투자됐다.

네이버는 이처럼 CJ대한통운의 풀필먼트 대행을 통해 24시간 배송 체계를 구축할 수 있게 됐다. 한성숙 네이버 대표는 "스마트스토어 상품 특성, 기업 규모에 따라 다양한 배송 체계를 제공할 계획이다. 단순히 빠른 것 외에도 정확한 배송, 고급 배송 등 원하는 형태가 다양할 것이고 협력 방안을 마련 중"이라고 밝혔다.

SNS 마켓 단점 없앴다, 블로그 마켓이 뜬다

네이버의 블로그 마켓도 뜨고 있다. 블로그와 네이버페이를 결합해 쇼핑 편의성을 높인 블로그마켓에서는 자체 제작 의류, 액세서리 등 5,000개 이상의 제품이 판매되고 있다. 또 블로그마켓의 경우 매출의 55%가 블로그 이웃을 통해 발생하고 재구매율도 32%에 이른다. 네이버 스마트스토어를 만드는 게 여전히 까다롭게 느껴지는 판매자들을 위한 틈새 마켓이다. 자신이 원하는 시점에 소량의 제품을 판매하는 데 부담이 없는 통로로 블로그를 이용하는 판매자들이 여전히 꽤 많다는 증거다.

블로그마켓 서비스가 나오기 이전에는 블로그로 상품을 구매하기 위해 구매 의사를 댓글로 올리고, 계좌번호로 입금해야 했다. 이때 상품을 배송하지 않거나, 환불이 불가하거나, 현금만으로 결제해야 하는 등 부작용이 컸다. 블로그마켓은 이 같은 문제를 모두 해결했다. 네이버는 "블로그 마켓 서비스를 본격 시작하니 사업자 등록을 한 판매자도 1,000명에 가깝게 늘어났다"고 밝혔다. 특히 2~3일만에 2억 원의 매출을 올리는 블로거도 나왔다. 패션 블로거 유메르는 '블로그마켓' 기획전을 통해 셔츠, 맨투맨 등 의류 상품을 판매해 3일 동안 2억 4,000만 원의 매출을 올렸다.

네이버 쇼핑 - 최저가 목록 보여주기

카카오,
카톡 선물하기로
쇼핑 틈새 공략

30대 치과의사 윤석진 씨는 설을 맞아 가족과 친척, 지인 등 10명에게 '카카오톡 선물하기'로 마음을 전했다. 윤 씨는 "코로나19로 설 명절에 지방을 내려갈 수 없어서 선물하기로 작은 마음을 표했다. 상대방의 주소를 몰라도 간편하게 마음을 표현할 수 있어서 생일이나 기념일, 명절 등 축하할 일이 있을 때 종종 이용한다"고 밝혔다.

코로나19로 비대면 소비가 확산하면서 모바일 선물하기 시장이 부쩍 성장했다. 국내 선물하기 시장규모는 3조 5,000억 원으로 추정된다. 선물하기 서비스의 원조인 카카오톡 선물하기는 출범 10년 만인 2020년에 거래액만 3조 원으로 대폭 성장했다. 카카오는 2020년 선물하기 매출이 2019년 대비 52% 성장했다고 밝혔다. 2020년 12

월 기준 선물하기 이용자 수만 2,000만 명이 훌쩍 넘는 2,173만 명으로 집계됐다.

선물하기의 최대 장점은 상대방의 전화번호만 알면 쉽게 선물을 구매하고 전달할 수 있다는 것이다. 취업포털 인크루트의 '2021 설날 지출 비용 및 선물계획' 설문에서도 명절선물 전달방식으로 비대면을 택한 응답자가 전체 설문의 74%에 달했다.

카카오톡 선물하기로 틈새시장 진출

카카오에서 쇼핑 부문을 전담하는 자회사는 카카오커머스다. 카카오커머스는 카카오톡 선물하기, 톡스토어, 카카오메이커스 등 카카오만의 쇼핑 역량을 확장하고 있다. 특히 코로나19로 온라인 쇼핑 부문이 활황세를 맞으면서 카카오커머스가 카카오 전체 사업 실적에 기여하는 부분이 커졌다.

카카오커머스의 2020년 거래액은 10조 원 수준이다. 업계 자료를 종합해 2020년 국내 이커머스 업체들의 거래액을 살펴보면 네이버 쇼핑 28조 원, 쿠팡 22조 원, 카카오커머스 9조 4,300억 원으로 추정된다.

카카오커머스는 관계형 커머스라는 게 목적형 커머스인 여타 플랫폼과 비교되는 특징이다. 관계형 커머스의 대표적인 모델이 바로 선물하기다. 누군가에게 선물하기 위해서 상품을 고르는 것이기 때

카카오커머스 메인 서비스인 '카카오톡 선물하기'

문에 할인 상품을 골라내야 할 필요가 높지 않다. 보통 내가 직접 구매하는 상품은 얼마나 할인 혜택을 받을 수 있는지가 핵심 가치로 고려되는 게 일반적이다. 하지만 특정인을 위해 고민하는 상품은 할인 폭보다는 선물하고자 하는 물건의 품목에 집중하게 된다.

카카오톡 선물하기는 2010년 12월 출시됐다. 카카오의 극초기 서비스 중 하나다. 4,600만 명에 달하는 카카오톡 이용자가 잠재 구매 고객층이다. 선물하기는 선물 구매 시점에 카카오톡 메시지를 통해 상대방에게 전달되기 때문에 배송 여부와 상관없이 선물의 의미가 즉각 전달된다는 특징이 있고, 상대방의 전화번호만 알면 선물을 받는 사람의 집 주소를 번거롭게 확인하지 않아도 된다는 장점이 있다.

어떤 선물을 고르는 게 좋을지 고민된다면 카카오의 선물랭킹 도움을 받으면 된다. 카카오는 '여성이', '남성이', '청소년이'로 선물 대상을 분류했다. 또 '많이 선물한', '받고 싶어한', '위시로 받은' 등 카카오쇼핑의 누적 데이터를 활용한 선물 품목 랭킹도 보여준다. 가격대까지도 설정이 된다. 1만 원 미만부터 1~2만 원대, 3~4만 원대, 5만 원 이상의 상품을 카테고리로 골라볼 수 있다.

카카오는 2020년 8월, 선물하기 서비스에 명품 선물 테마관을 신설하기도 했다. 상품의 객단가를 높여 매출 규모를 확대하고자 하는 전략이다. 샤넬부터 에스티로더, 티파니, 스와로브스키 등 100여 개 명품 브랜드가 카카오커머스 안에 차례로 입점했다. 2020년 11월에는 애플이 공식 입점해 애플의 전자제품들을 판매하기 시작했다. 명품 업체 관계자는 "선물하기 고객들은 가격보다 브랜드를 보고 구매하는 게 다수다"라고 밝혔다. 소비자들이 할인 유인이 떨어져도 실구매로 이어지는 경우가 많다. 카카오에서는 많이 팔지 않아도 매출이 늘어나는 객단가 상승을 기대할 수 있다.

2021년 3월, 카카오커머스는 기업용으로 물건을 대량 구매하는 고객을 겨냥해 '선물하기 for Biz'도 출시했다. '일반 선물하기'→'브랜드 선물하기'→'비즈니스 선물하기'까지 서비스를 확장하고 있는 것인데, 기존의 B2C는 4,600만 명의 카카오톡 이용자만이 잠재 구매 고객이 된다. 하지만 B2B로 확장했을 때는 추가로 1만 3,000곳 이상의 기업 고객까지 잠재 고객으로 확보할 수 있다는 게 카카오의 계산이다.

'선물하기 for Biz'는 사업자가 이벤트나 사은품 등의 지급 목적으로 대량의 선물을 구입한 뒤 배송하고자 할 때 적절한 비즈니스용 버전이다. 사업자는 예산과 발송 인원을 입력하면, 카카오가 예산 범위에 따른 상품을 추천해준다. 대량 발신 목록 업로드로 1회 주문당 최대 5,000건의 선물 발송 서비스도 지원한다. 특히 일반 선물하기와 달리 유효기간 내 선물을 사용하지 않아 만료된 건은 구매자에게 구입한 상품의 100%에 해당하는 금액을 전액 돌려준다. 개인과 중소형 사업자들에게 마케팅 비용 절감 등 실질적인 혜택으로 작용한다.

한편 선물하기만큼 가파른 성장을 보이는 것은 카카오의 '쇼핑하기'라고 부르는 톡스토어다. 톡스토어는 '카카오톡에 만드는 내 상점'을 표방하는데, 네이버 스마트스토어와 비슷하다. 판매자는 누구나 톡스토어를 개설하고 상품을 등록해 판매할 수 있다. 기존에 오픈마켓 형태의 장터 모델이 모바일에 들어와 있다고 보면 된다. 상품 판매 건당 수수료가 책정된다. 일반 상품은 건당 5.5%의 수수료를 부과하는데, 10% 내외의 수수료를 받는 오픈마켓보다 절반 가까이 저렴하다. 2020년 톡스토어의 거래액은 전년 대비 292% 성장했다.

톡딜부터 카카오메이커스까지 카카오의 쇼핑 틈새 찾기

'톡딜'은 2019년 6월 정식 오픈한 2인 공동구매 서비스다. 주문 성공률만 90% 이상을 기록하며 매 분기 두 배 이상 매출을 만들고 있다. 톡딜은 카카오톡 쇼핑하기 페이지에서 물건을 살 때 카카오톡 이용자들과 함께 구매하면 할인받을 수 있도록 했다. 자기가 직접 공동구매를 개설할 수 있고, 다른 이용자가 열어 놓은 공동 구매에 참여할 수도 있다. 2명만 모아도 할인이 되며, 카카오톡 친구뿐 아니라 모르는 사람과도 함께 구매할 수 있다. 이 같은 톡딜은 카카오톡의 장점을 최대한 살린 이커머스 모델인데, 굳이 친구가 아니어도 여러 사람을 쉽게 모을 수 있는 메신저 플랫폼의 특성을 최대한 구현했다.

특히 톡딜은 구매 성사까지 많은 사람을 모으고 기다려야 하는 기존 공동 구매의 장벽을 낮췄다. 특정 상품에 대한 구매 의사로 방을 개설해두면, 참여를 원하는 익명의 사람과 곧바로 매칭된다. 카카오는 톡딜에 참여하면 친구에게 선물할 수 있는 톡딜 기프트카드를 주면서 신규 서비스 이용자를 모았다. 기프트카드 1,000포인트는 구매 시에 1,000원을 그대로 쓸 수 있게 하는데, 본인은 직접 쓰지 못한다. 대신 카카오톡 친구에게 편하게 선물할 수 있게 했고, 아직 톡딜을 이용해보지 않은 사람들에게 톡딜을 사용해볼 수 있는 유인을 제공한다. 업계 관계자는 "톡딜에 참여한 만큼 기프트카드를 받을 수 있는데, 친구들에게 카드를 뿌리게 되면, 할인권이 있으니 이용해볼 유인이 확실히 생긴다. 뿌리는 사람도 현금을 나눠주는 느낌이 들어서 좋고, 할인을 받는 사람도 좋다. 카카오가 직접 비용을 지불하면서도 카카오커머스 이용자를 확대하기 위한 방법으로 기프트카드를 사용하는 것"이라고 설명했다.

한편 카카오메이커스는 사전 주문 생산 방식을 통해 제조업의 고질적인 재고 문제를 해결한 서비스다. 2016년 출범한 카카오메이커스는 사전 주문 기간을 두고, 먼저 수요를 측정해 주문 수량에 맞춰 물건을 생산한다. 많은 중소형 브랜드의 판매자들이 상품 출시 초기 소비자의 니즈와 피드백을 얻기 위한 용도로 카카오메이커스 플랫폼을 활용한다.

카카오메이커스는 2019년 4월 누적 거래액 1,000억 원 돌파했고, 2020년에는 11월 기준 누적 거래액 3,000억 원을 돌파했다. 매월 600만 명의 MAU를 보유했다.

카카오는 왜 '이베이코리아' 인수에 참여하지 않았나

카카오는 시장에 매물로 나온 이베이코리아 인수 유력 후보로 거론됐지만 입찰 경쟁에 참여하지 않았다. 국내 이커머스 시장은 2020년 거래액 기준 네이버와 쿠팡이 각각 17%와 13%의 점유율을 차지하고 있고, 그 뒤를 12%의 이베이코리아가 뒤따르고 있다. 따라서 카카오가 이베이코리아를 인수하면 단순 합산해도 14%(카카오 2% 점유율)로 국내 2위 점유율을 차지하기 때문에 인수에 적극 나설 것이라는 설이 많았다.

카카오가 입찰에 참여하지 않은 이유는 간단하다. 이베이코리아를 품에 안는다고 해도 기존 사업과 시너지 효과를 내기 힘들다고 판단했기 때문이다. 카카오 커머스의 핵심 사업은 선물하기인데, 선물하기와 완전히 다른 형태인 이베이코리아의 오픈마켓 서비스(G마켓, 옥션, G9)는 인수해도 단순히 몸집 불리기에 불과할 뿐이라는 의견이 지배적이었던 것으로 전해진다.

카카오는 이베이코리아 인수로 5조 원을 쓰는 게 과연 맞느냐는 의문이 들었던 것이다. 이베이코리아 인력과 물류, 사업 노하우에 대한 대가로 5조 원을 쓰기에 너무 비싸다는 판단이었다. 이베이코리아의 오픈마켓 시스템 자체가 노후화돼 있다는 점에서 업그레이드하는 데만 별도 비용이 꽤 들어간다는 얘기도 있었다.

대신 카카오는 2021년 3월 카카오톡 하단 네 번째 자리에 쇼핑백 모양의 '카카오쇼핑' 탭을 신설하며 쇼핑 사업 확장에 대한 의지를 강하게 어필 중이다. 카카오톡 하단의 메뉴는 친구, 채팅, #탭, 더보기 등 4개 탭으로 유지됐는데, 카카오쇼핑 탭이 추가돼 5개의 하단 메뉴가 완성됐다. 카카오쇼핑 탭 안에는 선물하기, 메이커스, 쇼핑하기, 쇼핑라이브 등이 모두 모여 있다. 카카오가 카카오톡 하단의 메인 탭 자리에 채팅 이외의 독립적인 서비스를 내놓은 것은 그만큼 쇼핑을 강화하는 것이 플랫폼 사업자의 숙명이기 때문이다.

인터넷 사업자가 돈 버는 방법은 크게 세 가지다. 광고, 콘텐츠 판매(게임, 웹툰, 음원 등), 물건 판매다. 카카오는 광고와 콘텐츠 판매 파트에서는 나름의 영역을 구축했다. 성공이라는 표현을 써도 좋을 만큼 안정적인 매출 구조를 만들었다. 하지만 직접 물건을 판매하는 영역에서는 아직 역량이 다 채워지지 않았다. 2020년 거래액만으로 놓고 봐도 네이버가 28조 원이 넘는 데 반해, 카카오는 10조 원을 아직 달성하지 못했다.

카카오가 바라보는 커머스 영역에서의 미래 성장은 여민수 대표가 2020년 4분기 콘퍼런스콜에서 밝힌 메시지를 통해 확인할 수 있다. 여 대표는 콘퍼런스콜에서 커머스 영역의 성장을 만드는 핵심 요인을 크게 세 가지로 꼽았다.

첫 번째는 이용자 규모의 영역이다. 얼마나 많은 MAU를 플랫폼이 보유하고 있느냐는 것이다. 두 번째로 구매 빈도. 플랫폼에 방문하는 이용자들이 상품을 얼마나 자주 구매하는지 여부다. 마지막으로 객단가다. 얼마나 폭넓은 취향의 객단가가 형성돼 있느냐에 따라서 플랫폼이 커머스 쪽으로 확장해나갈 수 있는 가능성을 살펴볼 수 있다고 설명했다.

여 대표는 카카오커머스를 MAU 측면에서 먼저 상세히 설명했다. "카카오커머스는 2020년 12월 기준 선물하기 2,173만 명, 톡스토어 1,289만 명, 메이커스 606만 명의 MAU를 기록했고, 메이저 커머스 플랫폼의 MAU와 비슷한 수준이거나, 그보다 많은 이용자 저변을 확보했다"고 강조했다.

구매 빈도 측면에서도 카카오커머스의 품질을 신뢰하고 구매하는 사람들이 꽤 늘어 고무적인 성과를 기록하고 있다고 했다. 여 대표는 "선물하기, 톡스토어, 메이커스 모두 고객 만족도와 재구매율이 높게 나타나고 있다. 톡스토어와 톡딜에서 한 달 내 재구매하는 고객 비중은 각각 62%, 73%로 매우 고무적인 성과를 기록하고 있다"고 말했다.

객단가 측면에서도 명품과 프리미엄 브랜드 라인업 추가로 지속적인 객단가 상승이 예상된다고 했다. "카카오톡 톡스토어는 생활필수품에서 패션, 리빙, 가전까지 상품 카테고리를 확장하면서 객단가 상승세를 이어가고 있다. 메이커스는 식품 매출 비중이 높긴 하지만, 최근 객단가가 높은 가전 카테고리의 상승세가 이어지고 있다"고 덧붙였다. 즉 카카오커머스가 이 같은 MAU, 구매빈도, 객단가 등 세 요인을 고루 갖추고 있다는 점에서 충분히 경쟁력 있는 커머스 플랫폼으로 성장할 가능성이 크다는 얘기다.

카카오 쇼핑-친구 선물하기

쇼핑의 미래는 라이브 방송,
라방 없이 살아남지 못한다

중국 SNS 채널에서 영향력을 행사하는 인터넷 스타 왕훙('인플루언서'를 의미하는 중국어)은 라이브 커머스(라이브 쇼핑)를 장악하고 있다. 왕훙 중 상위 10위권 이내에 포진한 이들이 올리는 판매액만 11조 원에 달한다. KOTRA 상하이무역관 자료에 따르면 2020년 6~12월 총 상품 판매액 기준 상위 100위권 왕훙 총 매출액은 약 19조 4,393억 원(약 1,130억 위안) 규모였다. 이 중 상위 10위권 왕훙의 매출액은 약 10조 8,378억 원(약 630억 위안)이었다.

전체 시장 규모는 입이 더 벌어진다. 2018년 중국 라이브 커머스 시장 규모는 약 22조 6,600억 원(1,330억 위안)이었는데, 2019년 약 73조 9,100억 원(약 4,338억 위안)까지 성장해 매년 두 배 이상이 커나가고 있다.

중국과 한국의 분위기는 크게 다르지 않다. 네이버와 카카오는 물론이고, 쿠팡과 11번가 등 이커머스 업체와 배달의민족 등 배달 전문 업체까지 모두 라이브 방송 시장에 뛰어들었다. 라이브 커머스는 오프라인 판매자들이 스마트폰만 있으면 언제 어디서든 방송을 켜고 물건을 팔 수 있다. 고객은 실시간 채팅과 상품 사전 태깅, URL 공유가 가능하다. 특히 방송을 시청하는 고객들끼리도 상품에 대한 소통이 이뤄질 수 있는 포맷이라는 점에서 물건 구매와 관련한 커뮤니케이션 자유도가 높아 소비자의 관심을 끈다. 온라인 쇼핑을 장악하기 위해서는 라이브 방송 포맷을 장악해야 한다는 이야기가 나오는 이유다.

교보증권은 2020년 9월 리포트에서 국내 라이브 커머스 시장이 2021년 2조 8,000억 원 수준에서 2022년 6조 2,000억 원, 2023년 10조 원 규모로 가파르게 성장할 것으로 전망한 바 있다.

—

소상공인 누구나 이용한다, 네이버 라방

2020년 7월 정식 출시된 네이버 쇼핑라이브는 6개월 만인 2021년 2월 기준, 라이브 콘텐츠 수가 2만 건을 넘었다. 누적 시청 수도 2021년 1월 기준 1억 회가 넘었고, 월 거래액은 2020년 12월 기준 200억 원을 넘었다. 구매자 수도 100만 명을 돌파했다. 쇼핑라이브에 입점한 판매자 수는 초창기 서비스 참여자보다 7배 이상 증가했다.

네이버가 라이브 방송을 중요하게 생각하고 있다는 점은 네이버 쇼핑 웹사이트에 들어가면 쉽게 확인할 수 있다. 네이버 쇼핑 로고 바로 옆으로 쇼핑라이브 로고가 바로 위치해 있다. 쇼핑라이브를 눌러서 들어가면 현재 라이브 중인 각 스마트스토어들의 방송이 줄줄이 뜬다. 카테고리 설정도 쉽다. 상단에 위치한 패션, 푸드, 라이프, 뷰티, 키즈, 테크레저 등 6개의 카테고리에 따라 각각의 라이브 방송이 진행 중이다.

네이버 쇼핑라이브는 별도의 스튜디오나 전문적 장비 없이 판매자가 스마트폰 하나로 쉽게 라이브 진행이 가능하다. 네이버는 스마트스토어 판매자들에게 라이브 커머스 툴 기능을 지원한다. 라이브 커머스 툴은 오프라인 판매자들이 실시간 라이브 영상을 통해 상품을 소개할 수 있도록 한 기능이다. 소비자는 판매자와 실시간으로 소통하면서 세세한 상품 정보를 받아볼 수 있다. 게다가 소비자가 일정 시간 이상을 시청하거나 댓글을 작성하면 네이버는 네이버페이 포인트를 지급하는 등 보상을 주면서 소비자를 라이브 방송에 묶어둔다.

네이버 쇼핑은 서비스를 본격적으로 시작하기 전인 2020년 2월, 현대백화점 무역센터점에서 라이브 커머스를 활용해 패션 브랜드 CC콜렉트 봄 신상품을 온라인으로 소개했다. 그 결과 40분 동안 고객 1만여 명이 접속했고, 2,000만 원에 가까운 매출을 기록하면서 가능성을 봤다. 2020년 3월에는 유아용품 판매사인 마이리틀타이거도

1시간 만에 완판에 성공했고, 1시간 동안 기록한 매출만 2억 6,000만 원이었다. 직접 잡은 대게를 판매하는 대한민국농수산 스토어의 단골손님은 2020년 11월 기준 18만 명까지 늘어났다.

다이슨코리아의 쇼핑라이브도 네이버 쇼핑라이브 역사상 경이로운 실적을 쐈다. 미용가전 상품인 에어랩과 청소기 디지털슬림 등 다이슨의 대표 인기상품을 소개했는데, 단 90분 만에 누적 조회 수 25만 회를 기록했고, 거래액은 20억 원을 돌파했다.

이처럼 네이버는 나날이 늘어가는 쇼핑라이브 시장 판매자들의 안정적인 거래를 위해 2020년 8월 자회사 스노우에서 운영하는 모바일 라이브 커머스 플랫폼 잼라이브를 직접 인수해 관리하면서 관련 기술을 고도해왔다. 한성숙 네이버 대표도 2020년 '커넥트 2021' 행사를 통해 쇼핑라이브에 대한 지원 방안을 발표했다. 인공지능 비전 기술이나 음성 송출 기술 등을 쇼핑라이브에 적용해 판매자와 콘텐츠 창작자의 경계를 허물겠다는 계획이 첫 번째다. 두 번째는 SME들이 좋은 진행자와 함께 라이브 커머스를 진행할 수 있도록 브랜드 커넥트 프로그램을 적극 실시하겠다고 밝히기도 했다.

선택된 소수만 이용한다, 카카오 라방

카카오가 내놓은 라이브 방송 이름은 카카오쇼핑라이브다. 쇼핑라이브 누적자 수는 출시 1년 만인 2021년 5월 기준 5,000만 명을 넘

어서며 인기를 끌고 있다. 하지만 카카오 쇼핑라이브는 네이버처럼 개방형 라이브 플랫폼이 아니다. 카카오의 통제로 모든 방송을 진행한다. 방송도 하루 1~5회만 진행한다. 카카오는 적은 방송 횟수를 고집하면서 고품질 라이브 방송으로 승부를 보겠다는 것이다.

카카오쇼핑라이브는 홈쇼핑 방송이라고 보면 된다. 홈쇼핑은 누구나 등록을 해서 상품을 판매하는 구조가 아니다. 짧은 시간 안에 최대한의 판매를 만들기 위해 철저하게 기획된다. 카카오쇼핑라이브도 카카오가 직접 상품을 선정하거나 업체를 선정하는 데 심혈을 기울인다. 방송을 기획하는 순간부터 최종 판매까지 카카오커머스와 조율해야만 한다. 단순 온라인 쇼핑몰보다 입점이 까다롭다. 하지만 시장의 반응은 뜨겁다. 2020년 7월 '반스 애너하임 컬렉션 선공개 라이브'는 신발 전문 유튜버가 출연해 브랜드의 역사에 기반해 제품을 디테일하게 소개했고, 38만 회의 시청 횟수를 기록했다.

카카오는 단순한 상품 판매 방송이 아닌 볼거리를 제공하는 데도 초점을 맞춘다. 상품에 대해 전문적인 지식을 선보일 수 있는 전문가들을 섭외해 지식을 선보이는 형태다. 예를 들어 모델 이현이 씨가 패션 관련 방송에 출연해 각종 스타일링 팁을 소개하며 언택트 패션쇼를 진행한 사례가 있다. 개그맨 조세호 씨도 자신의 다이어트 성공법에 대한 방송을 진행해 즐길 거리를 제공했다.

▬
쿠팡, 배달의민족 모두가 뛰어드는 라방

쿠팡도 2021년 3월 1일부터 쿠팡 라이브를 통해 뷰티 카테고리부터 라이브 커머스 시범 운영을 시작했다. 네이버와 카카오 등 경쟁 커머스에 비해서는 다소 늦은 움직임이다. 쿠팡 라이브는 개별 판매자가 쿠팡 라이브 크리에이터라는 앱을 내려받으면 라이브 방송을 할 수 있다. 판매 품목은 화장품 등 뷰티 관련 제품 2,000여 개다.

쿠팡 라이브는 누구나 일정 요건만 갖추면 쇼호스트로 등록해 수수료 수익을 챙길 수 있다는 게 특징이다. 쿠팡에 입점한 벤더들이 라이브 판매 방송을 할 수 있는 것은 기본이고, 자신의 상품이 아니더라도 상품 설명에 강점을 가진 사람이면 누구나 쇼호스트로서 수수료를 받을 수 있는 크리에이터 제도를 뒀다. 여타 플랫폼에는 없는 제도다.

라이브 방송뿐 아니라 녹화영상도 24시간 노출할 수 있는 것은 쿠팡만의 차별점이다. 24시간 상품 판매 정보를 노출시키고, 발생한 매출에 대해서는 수익금을 정산한다. 쿠팡은 쿠팡 라이브 이용을 위한 별도의 가입비나 사용료 없이 판매자에게 개방해 한발 늦게 진출한 라이브 커머스 시장 점유율을 최대한 끌어올린다는 계획이다.

배달의민족도 2021년 3월 배달 앱 가운데 처음으로 음식 라이브 쇼핑 서비스 배민 쇼핑라이브를 공식 출시했다. 배달의민족은 배민이 선정한 각 지역 배달맛집의 인기 메뉴를 밀키트 상품으로 만드는 형태로 다른 라이브 방송 플랫폼과 차별화 전략을 세웠다. 배민에 입점한 음식점 사장님은 전국의 배민 회원들에게 자신의 상품을 알릴 수 있다는 장점이 있고, 고객들은 자신의 지역이 아닌 다른 지방의 특색이 묻어나는 맛집 메뉴를 경험해볼 수 있다.

2020년 10월부터 배민은 지역 특산물을 앱을 통해 구매할 수 있는 전국별미 서비스를 국내 전역으로 확대했는데, 이 서비스와 라이브 방송의 접점을 모색할 수도 있다. 전국별미는 배민 앱에서 원하는 지역의 원하는 상품을 주문하면 산지 직송으로 받아볼 수 있는 서비스다. 배민이 자체 라이브 방송을 통해 전국 산지의 신선식품을 고객들에게 홍보하면서 전국별미 서비스 사이즈가 확장되면, 이마트 등 대형 할인점이 주도했던 신선식품 배송과 관련한 판매 노하우 확보와 함께 지역 특산물 판매를 통한 지역 경제 살리기에도 도움이 될 것으로 전망된다.

물류를 잡는 자,
쇼핑 천하를 얻는다

2021년 3월 13일, 쿠팡이 미국 뉴욕증권거래소에 상장했다. 입성 첫날 시가총액은 100조 원을 넘겼다. 2014년 중국 최대 전자상거래 업체 알리바바그룹 기업공개 이후 최대어라는 평가를 받았다. 김범석 쿠팡 이사회 의장은 CNBC와의 인터뷰에서 "알리바바 이후 최대 외국 기업 기업공개라고 하는데 이는 한국 성공 스토리의 증거다. 한국인의 창의성이 한강의 기적을 만들었다. 우리가 이 믿을 수 없는 이야기의 작은 일부가 된 것이 너무나 흥분된다"고 밝혔다. 김 의장은 또 "우리는 새벽배송과 같은 혁신에 계속 투자할 것이다. 한국의 지역 경제에 계속 투자해 좋은 일자리를 창출하고 기술에도 계속 투자하겠다"고 강조했다.

쿠팡의 미국 증시 상장을 앞두고 미국 뉴욕증권거래소 건물에 게양된 쿠팡의 로고와 태극기

인터뷰에서 주목할 지점은 김 의장이 기업공개를 통해 조달한 돈을 새벽배송과 같은 혁신에 계속 투자하겠다고 밝힌 것에 있다. 쿠팡은 공공연하게 330만㎡(100만 평)에 달하는 물류 부지를 확보하겠다고 기업공개 이후 계획을 밝혔다. 전국 7곳에 대규모 물류센터를 짓는다는 것이다. 2010년 회사를 창립한 이후 10년간 투자했던 규모인 230만㎡보다 더 많은 물류 거점을 확보하겠다는 게 핵심이다. 쿠팡이 물류에 사활을 거는 이유는 간단하다. 결국 쇼핑은 물류에서 시작해서 물류로 끝나기 때문이다. 상품의 입고와 보관, 포장, 운송, 반품 처리까지 물류의 전 과정을 얼마나 효과적으로 해내느냐에 따라 쇼

핑 기업의 성패가 달려 있다.

쇼핑 2파전 막 올랐다, 네이버 vs 쿠팡

필자 주변에는 쇼핑을 놓고 두 부류의 사람들이 있다. 먼저 "쇼핑은 네이버 아니야? 네이버 쇼핑 들어가서 검색만 하면 낮은 가격 순으로 주욱 나열해주잖아. 그럼 눌러서 구매하면 끝"이라는 사람들이 있다. 또 다른 사람들은 "쇼핑은 쿠팡 아니야? 쿠팡 로켓배송 써봤어? 저녁에 물건 주문하면 새벽에 집 앞에 딱 와 있다니까? 그게 얼마나 편리한데"라는 사람들이 있다. 네이버는 검색, 쿠팡은 배송이라는 각자의 장점이 확 드러나는 대목이다. 이들은 각자의 장점을 강화하고, 또 부족한 점은 보완하는 등 시장 석권에 대한 의지가 크다.

대한민국 쇼핑의 미래는 앞으로 크게 3파전으로 진행될 것으로 보인다. 네이버와 신세계, 쿠팡과 해외 자본, 11번가와 아마존 등 3개 그룹의 대격돌이다. 이들 집단이 서로 뭉치고 흩어지고 싸우면서 미래 쇼핑의 그림이 달라질 것이다. 그중에서도 네이버 연합과 쿠팡 연합은 1mm의 쇼핑 우위를 선점하기 위해 치열하게 맞붙을 것이다.

파워게임의 가장 우위에 있는 그룹은 네이버와 신세계. 두 회사가 손잡는 핵심 이유는 목표가 같기 때문이다. 바로 쿠팡 견제다. 네이버는 이커머스 1위 기업의 영향력을 지속적으로 유지하고 싶다. 신세계는 신선식품 배송 등으로 입지가 탄탄했으니, 쿠팡이 이 자리를 넘보지 않길 바란다. 그래서 두 회사는 쿠팡 견제를 위해 손을 잡았다.

네이버와 신세계는 2021년 3월 16일 전략적 제휴를 위한 협약식을 열고 2,500억 원 규모의 지분을 교환했다. 이로써 네이버(이커머스), 신세계(국내 할인점), CJ대한통운(물류)의 삼각편대가 구축됐다. 이미 네이버는 2020년 CJ와의 지분 교환으로 물류 업계 1위인 CJ대한통운의 물류 역량을 확보한 바 있다.

먼저 신세계 입장을 좀 살펴보자. 신세계는 온라인몰 SSG닷컴 출범 이후 매년 성장을 거듭하고 있긴 하지만, 쿠팡이 성장하자 점유율이 미약한 수준에서 정체돼 있는 상황이었다. SSG닷컴의 2020년 거래액은 3조 9,236억 원으로, 2020년 인터넷 쇼핑 전체 규모인 161조 원 대비 점유율이 고작 2.4%에 불과하다. 성장의 모멘텀을 찾아야 했고, 파트너로 네이버를 찜한 것이다.

네이버와 신세계의 즉각적인 협력은 이마트가 네이버의 장보기 서비스에 입점하는 것이다. 홈플러스도 2020년 네이버의 장보기 서비스에 입점했다. 이마트가 네이버 플랫폼에 올라타면 네이버 고객들이 이마트의 신선식품을 쉽게 살 수 있다. 이마트 입장에서는 네이버 이용 고객인 5,400만 명의 잠재 고객이 한 방에 생긴 것이다.

다음으로 네이버 입장을 살펴봐도, 신세계와의 협력은 득이 더 많다. 네이버가 CJ대한통운과의 빅딜을 통해 물류 역량을 확보했지만 사실 조금 부족한 면도 없지 않았기 때문이다. 배송 역량은 크면 클수록 좋은 다다익선의 영역이다. 신세계와 손잡은 것은 물류 영역의 천군만마를 얻은 것과 같다.

신세계의 온라인몰 SSG닷컴에서 이뤄지는 하루 배송 건수는 약 13만 건에 달한다. 이 중 김포와 용인 등 온라인 전용 물류센터 네오 NE.O에서 맡는 물량은 8만 건, 나머지 5만 건은 전국 110여 개 이마트 오프라인 매장에 설치된 PP센터에서 처리된다. 네오가 전날 밤에 주문하면 다음 날 아침에 배달하는 새벽배송을 전담하고, 이마트 점포는 당일에 배송하는 이원화 전략을 통해 전체 온라인 배송물량 중 약 40%를 소화하고 있다. 2021년 신세계는 이마트 점포를 리뉴얼하고, 배송센터 역할을 맡는 PP센터를 10여 곳 더 늘린다. 하루 배송 역량은 총 14만 건까지 1만 건 더 늘어날 수 있다. 하루 14만 건의 배송을 처리할 수 있는 신세계의 능력을 네이버는 최대한 활용할 수 있게 된다. 네이버와 신세계의 협력 강화는 곧 쿠팡의 로켓배송 DNA를 격파할 수 있는 핵심 동맹이 될 수 있다.

쿠팡은 결국 물류의 최종 승자가 될 것인가

미국 증시 상장으로 무려 5조 원이 넘는 실탄을 확보하게 된 쿠팡은 자사의 핵심 경쟁력인 물류를 중심으로 공격적인 행보를 펼칠 전망이다. 2025년까지 수도권 이외의 7개 지역에 대규모 물류센터를 추가한다. 대구, 대전, 충북(음성, 제천), 광주 등이 예상 물류센터 건립 지역으로 발표됐고, 부산에도 물류센터 용지를 알아보고 있다는 말이 나온다. 2010년 회사를 창립한 이후 10년간 투자했던 규모인 230만㎡보다 더 많은 물류 거점을 확보하겠다는 게 핵심이다.

쿠팡이 물류에 사활을 거는 이유는 간단하다. 결국 쇼핑의 처음과 끝 모두 물류를 잡지 못하면 만들어낼 수 없기 때문이다. 전국을 쿠팡 물류센터로부터 10㎞ 이내에 둔다는 배송 전략을 완전히 실현해야 흑자 전환이 가능하다. 쿠팡은 이미 국내 30개 도시에 170개 이상의 물류센터를 세웠다. 여기에 이번에 조달한 돈으로 쿠팡은 공공연하게 330만㎡에 달하는 물류 용지를 확보하겠다는 것이다. 현재 70% 수준인 로켓배송 권역을 이제 전국으로 확대하려는 거대 계획이다. 특히 신선식품 온라인 수요 등에 대응하기 위해서도 콜드체인 등 신선식품을 위한 시스템을 갖춘 물류 센터가 시급하게 요구된다.

전국에 거대 물류 거점을 확충해 풀필먼트 사업을 확장시키면 네이버에 큰 위협이 될 수 있다. 네이버 스마트스토어 사업의 성패는 중소상공인에게 맞춤형 풀필먼트를 제공할 수 있느냐의 여부에 있는데, 쿠팡이 물류 대행 사업을 확장해 편의성을 키우면 네이버의 42만 스마트스토어도 쿠팡으로 넘어가는 계기가 만들어질 수 있다.

게다가 쿠팡은 택배 사업자 자격을 취득하고 택배까지 사업을 확장해 반품 상품에 대한 빠른 회수로 배송의 마지막 영역까지 장악하려고 시도 중이다. 쿠팡의 물류 자회사인 쿠팡로지스틱스서비스는 2021년 1월 택배사업을 할 수 있는 화물차 운송사업자 자격을 획득

했다. 쿠팡은 상품을 직매입한 뒤 쿠팡의 물류센터에 보관하는 형태로 물류를 완성하고 있다. 따라서 고객이 반품 처리한 상품을 빠르게 회수하는 능력은 재고 관리 비용을 줄이며 적자를 줄이는 데 큰 역할을 할 수 있다.

김범석 쿠팡 의장이 자주 쓰는 표현은 "쿠팡 없이 어떻게 살았지?"이다. 전국을 로켓배송 권역으로 만들고 지금보다 더 빠른 방식으로 배송이 이뤄지면 소비자들의 마음을 록인시킬 수 있다. 하지만 마지막으로 간과해서는 안 될 부분이 있다. 바로 배달 직원 쿠팡맨의 살인적인 업무 강도 문제다. 고된 노동에 시달리는 쿠팡맨 이슈가 계속해서 불거지면 소비자들은 로켓배송 서비스를 이용할 때 마음 한구석이 불편해진다. 최근 기업 경영에는 ESG(환경, 사회, 지배구조) 등 비재무적인 요소도 사업보고서에 담으며 지속가능한 경제를 위해 노력하길 요구받는다. 쿠팡의 핵심 ESG는 고된 노동에 고통받는 쿠팡맨의 노동 강도를 줄이고 복지를 늘리는 일일 것이다. 이 문제를 해결하면서 풀필먼트부터 로켓배송, 반품 회수까지 물류의 모든 영역에서 쿠팡의 DNA를 보여주면 고객들 모두가 '쿠팡 없이 어떻게 살았느냐'고 이구동성으로 입을 모을지도 모른다.

글로벌 쇼핑 공룡 아마존, 11번가에 3,000억 원 투자

글로벌 쇼핑 공룡 아마존은 SK텔레콤 자회사인 11번가에 최대

3,000억 원을 투자하면서 한국 이커머스 시장에 진출할 예정이다. 이번 협력에 대해서는 플랫폼과 커머스로 신사업을 확장하며 디지털 역량을 확대하고자 하는 최태원 SK그룹 회장과, 한국 이커머스 시장에 꾸준히 관심을 보여온 아마존의 이해관계가 맞아떨어졌다는 게 업계의 공통된 의견이다.

11번가와 아마존은 어떤 협력 모델을 구축할 수 있을까? 가장 먼저 떠올릴 수 있는 협력 모델은 국내 소비자들이 11번가를 통해 아마존 제품을 구매하는 것이다. 아마존으로부터의 해외 직구가 과거보다 편해졌지만, SK의 자체 플랫폼을 통해 직구가 허용되면 아마존에서 물건을 구매하는 장벽이 이전과는 비교되지 않을 정도로 낮아질 수 있다. 물건의 배송과 도착, 결제 등 서비스 전반에서 SK와 아마존의 각자 비즈니스 모델이 서로 시너지를 낼 수 있다. 특히 SK계열사의 기존 플랫폼에 아마존의 비즈니스 모델을 결합할 수 있다. 예를 들어 아마존의 무인 매장 서비스는 ADT캡스의 무인 매장 기술로 구현할 수 있다. 아마존의 무인 배송 서비스는 아마존의 드론 배송 기술에 티맵모빌리티의 자율주행 기술을 결합해 고도화할 수 있다. 또 SK텔레콤의 '누구 인공지능 스피커'는 아마존의 인공지능 스피커 에코와 데이터 역량을 결합할 수 있다.

SK가 기대하는 데이터 결합의 핵심은 '멤버십 결합'과 '페이 확장'이라는 두 마리 토끼를 한 번에 잡는 것이다. 먼저 SK텔레콤의 T멤버십은 회원 수만 2,000만 명이 넘는데, T멤버십을 아마존 프라임의 무료 배송 서비스와 아마존 프라임 비디오 등에 연결하는 그림을 그려볼 수 있다. 게다가 SK의 간편결제 SK페이를 사용해 아마존에서 직구하면 적립포인트를 더 얹어주는 방법도 충분히 상상 가능하다. 아마존 직구를 이용하려는 많은 사람들이 결제를 SK페이로 이용하면, 네이버페이와 카카오페이 등 위주로 재편된 간편결제 시장에도 한바탕 폭풍우가 몰아칠 수 있다.

시간 단위 배송, 자율주행 배송, 가상 피팅 서비스

쇼핑의 미래는 로켓배송 등 익일배송을 넘어 시간 단위 배송이 본격화하는 시대로 향할 전망이다. 도심 매장이나 소규모 창고를 이용해 시간 단위로 온라인 주문을 빠르게 처리할 수 있게 하는 시스템인 마이크로 풀필먼트 서비스의 시대다. 이미 서비스를 시작한 회사들도 많다. 중소 알뜰폰 업체인 세종텔레콤은 2020년 8월 시간 단위 배송이 가능한 마이크로 풀필먼트 서비스를 내놓고 물류 사업에 본격 진출했다. 이름은 왈라비Wallaby다.

왈라비는 대형 유통 플랫폼을 거치지 않고 자사 몰이나 오픈마켓에서 상품을 직접 판매하는 중소상공인을 대상으로 서비스 모델을 만들었다. 상품의 입고부터 보관, 피킹, 포장, 배송 등 물류유통 전반을 일괄 대행한다. 서울 강남구에 왈라비 물류센터를 오픈해 운영 중인데, 도심 외곽지역에 물류센터를 구축해 운영하는 다른 기업들과

배달의민족 초소량 배달 'B마트' 서비스

사진: 우아한형제들

달리 주요 도심지에 거점을 확보했다. 이를 통해 물건을 주문하고 나서 몇 시간 만에 배송 완료가 될 수 있도록 했다.

시간 단위 배송의 또 다른 대표선수는 바로 배달의민족이다. 배달의민족의 초소량 즉시배달 서비스인 B마트는 도심 복판이나 도심과 최대한 가까운 곳에 중소형 창고를 임대하는 방식으로 각종 잡화를 배달한다. '30분 배송'을 목표로 내건 이 서비스는 최소 30분~1시간 만에 물건을 배송한다. 한꺼번에 장을 많이 보는 것보다 소포장, 소량 제품을 배달받기 원하는 1인 가구들의 편의성을 높인 게 바로 B마트다. 서비스 초기 300여 종에 불과했던 배달 가능 품목은 현재 5,000여 종을 훌쩍 넘는다. 식품에서 시작해 휴지, 화장품 등 생필

146 네이버 vs 카카오

품부터 펜이나 노트 등 문구류까지 포괄한다. 특히 최근에는 유통이 까다로운 신선식품의 종류도 다양해졌다. 대파와 콩나물, 딸기, 포도까지 각종 과일과 채소류가 200여 종에 달한다. 게다가 소비자들이 1,500~2,500원 수준의 배달비는 충분히 지불할 수 있다는 인식이 생기면서 B마트 이용자들이 부쩍 늘었다. B마트는 코로나19 여파로 줄어든 마트 방문 수요를 다각도로 흡수했고, 2020년 B마트 주문 건수는 1,000만 건을 기록한 것으로 나타났다. 매출액은 약 1,417억 원에 육박했다.

자율주행 배송은 코로나19 시대가 만들어낸 쇼핑의 또 다른 미래다. 대표적인 자율주행 배송 로봇 개발 업체는 미국의 뉴로Nuro다. 뉴로는 2016년 구글의 자율주행차 개발팀 엔지니어들이 창업한 회사다. 뉴로는 소프트뱅크 등으로부터 5억 달러(약 5,600억 원) 규모의 투자 유치를 받으며 업계의 주목을 받았다. 2020년 12월 미국 캘리포니아주 자동차국DMV으로부터 유료 무인 배달 서비스 허가도 받았다. 이미 뉴로의 자율주행 배송 서비스는 코로나19 사태가 심각 단계에 이르렀던 2020년 4월, 미국 캘리포니아주 새크라멘토와 산마테오 카운티 등에서 의료진과 환자들을 대상으로 의료용품을 배송하며 성과를 발휘했다.

2020년 5월에는 대형 약국 체인인 CVS와 함께 처방 약을 배송하는 시범 서비스를 시행했다. 고객이 CVS 홈페이지에서 처방전을 입력한 뒤 약을 주문하면 뉴로 자율주행차가 집 앞까지 배달한다. 굳이 밖에 나가지 않아도, 사람이 직접 오지 않은 채로 자율주행차가 우리 집 문 앞까지 약을 배송하는 것이다.

AR을 활용한 가상 피팅 서비스도 쇼핑에서 쓰일 미래 기술로 꼽힌다. 가상 피팅 서비스는 이용자가 가상으로 다양한 제품을 신체에 적용해볼 수 있도록 하는 기술이다. 이용자의 몸을 인식하고, 이용자가 옷을 입거나 패션 액세서리를 착용한 가상의 이미지를 제공한다. 옷을 실제로 입지 않고도 색상, 크기, 스타일 등 요소를 미리 경험해 볼 수 있다. 예를 들어 가상 피팅 기능을 제공하는 애플리케이션을 켜두면 자신이 선택한 선글라스를 직접 써보지 않더라도 얼굴에 적용할 수 있다. 수백여 가지의 선글라스를 직접 썼다 벗었다 하지 않더라도 내 스타일에 맞는 선글라스를 골라낼 수 있는 것이다.

인스타그램은 2019년부터 자사의 '인스타그램 쇼핑' 비즈니스 계정에 AR 가상 피팅 기능을 확대하고 있다. 인스타그램 AR커머스 매니저는 "앞으로 가상 피팅 기능은 이용자가 쇼핑하는 주된 방법 중 하나가 될 것이다"라고 설명했다. 국내에서도 롯데홈쇼핑이 2020년 7월 소비자가 안경과 선글라스 등 패션 소품을 가상으로 착용해보고 구매할 수 있는 서비스 '리얼 피팅' 서비스를 내놓았다. 롯데홈쇼핑 모바일 앱에서 구매를 원하는 상품을 선택하고, '리얼 피팅' 메뉴를 클릭한 후 휴대폰 화면에 얼굴을 비추면 해당 물건이 얼굴에 착용된 모습을 볼 수 있다.

마켓앤마켓은 가상 피팅 시장 규모가 2019년 29억 달러(3조 4,000

억 원)에서 매년 평균 20.9%씩 성장하고 있다고 밝혔다. 특히 2024년
에는 76억 달러(9조 원)까지 증가할 것으로 내다봤다.

금융,
페이 고객을 확보하라

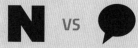

네이버 vs 카카오

네이버 금융,
플랫폼으로 연결한다

2021년 3월 와이즈앱은 만 20세 이상 한국인의 신용카드, 체크카드, 계좌이체, 휴대폰 소액결제 등 서비스에서 개인이 결제한 금액을 추정했다. 놀라운 결과가 나왔다. 네이버가 2조 8,056억 원으로 조사 대상 업체 중 가장 많았고, 쿠팡(2조 4,072억 원), 이베이코리아(1조 6,106억 원), 배달의민족(1조 4,776억 원), 11번가(1조 288억 원), SSG.COM(4,596억 원), 티몬(4,242억 원) 순을 기록했다. 연령대별로 보면 20~40대는 네이버의 결제 금액이 가장 많았고, 50대 이상은 쿠팡에서 돈을 가장 많이 썼다.

네이버 결제 금액의 대부분은 네이버페이 간편결제를 이용한 결제로 추정됐다. 사람들은 왜 네이버페이에 열광하는 것일까? 네이버페이는 커머스와 핀테크를 모두 연결하고 있기 때문이다. 소비자 입장에서는 네이버페이를 이용하는 것만으로 쇼핑과 금융 두 영역을 한 번에 해결할 수 있다. 특히 중소상공인 등 다양한 쇼핑 판매자들은 수수료 없이 네이버 쇼핑에 입점할 수 있다는 게 장점이다. 네이버는 소비자와 판매자가 만들어내는 쇼핑 데이터를 기초로 고객 맞춤형 테크핀 사업으로 확장할 수도 있다.

네이버파이낸셜의 목표는 금융 플랫폼

네이버파이낸셜은 네이버의 금융 관련 사업을 총괄하는 네이버의 금융 자회사다. 네이버의 사내 독립기업CIC이었던 네이버페이 부문이 2019년 11월 분사했다. 네이버의 간편결제 서비스 네이버페이를 바탕으로 온·오프라인 결제 영토를 확장하고 향후 예·적금 통장과 신용카드, 보험, 증권 등의 서비스를 제공하는 종합 금융 플랫폼이 되는 것이 주요 목표다.

네이버파이낸셜은 출범 한 달 만에 미래에셋으로부터 국내 테크핀 기업 사상 최대 금액인 8,000억 원 규모의 투자를 받았다. 미래에셋은 8,000억 원대 투자에 대해 네이버파이낸셜의 미래 성장성과 잠재적 가치를 높게 평가했기 때문이라고 설명했다.

네이버의 금융 플랫폼 전략은 쇼핑을 제외하고는 설명하기 힘들다. 네이버 쇼핑과 금융은 한 몸체로 움직인다. 네이버 쇼핑 중에서

NAVER FINANCIAL

네이버의 금융 자회사 네이버파
이낸셜 로고

사진: 네이버파이낸셜

도 중소상공인을 위한 스마트스토어 관련 상품을 끊임없이 만들어내
며 보폭을 넓히고 있다. 최인혁 파이낸셜 대표가 2020년 10월 서울
대 벤처경영기업가센터가 주최한 '테크 바이 로' 강연에서 밝힌 메시
지에서 이 같은 네이버 쇼핑과 네이버파이낸셜의 연결고리를 읽어낼
수 있다.

최 대표는 네이버가 간편결제(페이) 사업을 하는 이유에 대해 "쇼
핑 검색을 잘하기 위해서다. 검색에서 쇼핑을 빼면 뭐가 남을지 모르
겠다"라고 밝혔다. "다양성 있는 나라가 되려면 소상공인들이 자기가
만든 상품으로 사업을 잘해야 하는데, 네이버파이낸셜이 생태계 조
성을 도와주고 있다. 무엇보다 쇼핑은 정치적 색이 옅은 사업이라 사
업 외적 부담도 덜하다"고 덧붙이기도 했다.

네이버의 금융 사업 전략은 기본적으로 플랫폼이다. 최 대표는
2020년 7월 네이버파이낸셜 비전 공유 기자간담회에서도 사업의 성
격을 명확히 했다. "네이버는 오프라인과 온라인의 연결, 나아가 연
결 그 자체에 집중한다. 네이버파이낸셜도 연결의 가치 연장선에 있

다." 시장에 직접 뛰어들어 선수가 되는 것보다는 선수와 선수의 만남을 유도한다는 것이다.

즉, 네이버는 플랫폼 전략을 수행할 뿐 직접 사업 전면에 나서지는 않는다. 최 대표는 "대출 서비스는 미래에셋캐피탈의 자금을 이용하고, 우리는 중간에서 신용 판단만 하는 데이터컴퍼니 역할을 할 것이다. 기본 전략은 금융사를 안 만드는 것"이라고 강조했다. "데이터컴퍼니 역할에 충실하면서 다른 곳의 돈을 활용하면 된다. 네이버파이낸셜이 만든 신용평가모델에서 경쟁력이 나오는 것이지, 돈을 많이 가졌는지가 결정적인 경쟁력이 되기는 어렵다"라고 설명했다.

― 스마트스토어 타깃 상품 줄줄이 내놓는다

네이버파이낸셜은 곧 스마트스토어와 함께 성장한다고 보면 된다. 중소상공인 협력이 핵심이다. 네이버페이에서 시작된 간편결제 인프라는 스몰 비즈니스와 만나 스마트스토어 성장을 만들어냈고, 네이버파이낸셜은 스마트스토어에 입점한 점주들을 직접 지원하는 형태로 사업 모델을 짰다.

최인혁 대표는 네이버파이낸셜의 비전에 대해 "네이버파이낸셜은 금융 이력이 부족해 사각지대에 머물러야 했던 중소상공인, 씬파일러Thin Filer(금융 이력 부족자)처럼 금융 소외 계층을 아우를 수 있는 서비스로 금융 시장에서 새로운 가치를 만들어내는 것이 큰 방향"이라고 밝혔다.

스마트스토어에 입점한 점주 중 중소상공인으로 분류되는 이들은 전체 73%에 이른다. 2030세대 사장님도 43%에 달한다. 오프라인 매장이 없고, 자본력이 약해도 스마트스토어로 물건을 팔 수 있다는 점이 판매자들을 자극했고, 중소상공인들이 모여들었다. 하지만 기존 금융 업계에서는 이 같은 배경의 판매자들에게는 보험이나 대출을 제공하지 않는다. 이들은 금융 혜택의 사각지대에 놓여 있었다.

이 같은 문제 해결을 위해 네이버파이낸셜은 보험서비스 법인인 엔에프NF보험서비스라는 상호 법인을 등록했고, 미래에셋생명 외에 다양한 보험사들과의 제휴를 검토 중이다. 일단은 본격 사업 전에 보험 정보 전달로 시작했다. 소비자들이 필요로 하는 보험 정보를 제공하면서, 타깃 소비자에 보험 상품을 추천하고 중개 수수료나 광고비로 매출을 올리겠다는 복안이다.

2020년 11월부터 스마트스토어 입점 온라인 사업자들이 가입해야 할 의무보험을 소개하는 것이 대표적이다. 예를 들어 회원 정보를 저장하고 있는 곳이라면 개인정보배상책임보험을 추천하고, 물품을 보관해둔 창고를 보유했다면 화재보험 등을 추천하는 식이다.

네이버파이낸셜은 대출 사업에도 뛰어들었다. 2020년 12월부터는 미래에셋캐피탈과 손잡고 네이버 스마트스토어 사업자 대출을 선보였는데, 온라인 개인 사업자들에게 담보와 보증 일체 없이 최대 한도 5,000만 원, 최저 금리 연 3.2%에서 최고 금리 연 9.9%라는 파격적인 조건을 내세웠다. 온라인 사업자들이 담보로 잡을 매장이 없고 재무 정보가 없는 탓에 은행 대출이 힘든 경우가 많았던 것에 착안해 비금융 데이터를 활용한 대안신용평가시스템ACSS을 개발해 대출 문턱을 낮췄다. 비금융 데이터는 스마트스토어 내의 반품률, 단골 고객 비중, 고객 문의 응대 속도 등 다양한 활동 데이터를 활용했다.

그 결과 대출 신청자 중 60%가 금융 데이터만으로 평가한 것보다 비금융 데이터도 함께 평가한 대출 심사 결과가 더 좋은 것으로 나타났다. 대출 연체율도 0%다. 온라인 스토어 특성상 필요할 때 금액을 대출받은 후 빨리 갚으려는 성향이 높았고, 중도 상환 수수료가 없는 만큼 벌써 전액 상환한 사례도 나왔다.

한편 네이버는 자사 스마트스토어에 입점한 중소상공인들에게 배송완료 다음날 바로 정산하는 '빠른정산' 서비스도 시작했다. 구매확정이 안 된 상황에도 판매대금을 지급하는 것은 글로벌 이커머스 업계 최초다. 아마존은 최대 2주가량, 쿠팡은 최대 45일까지 소요된다. 이커머스 기업들은 보통 판매 대금 정산을 최대한 미루면서 자사에 예치된 판매금으로 이자 수익을 얻는데 네이버는 이 같은 수익을 포기하며 중소상공인의 현금 흐름을 돕는 것이다.

페이, 통장, 후불카드 모두 하나로 묶는다

가입자 기준 국내 최대 간편 결제 서비스는 네이버페이다. 네이버페이는 하루 3,000만 명이 방문하는 국내 간판 포털 네이버 플랫폼 위에 얹혀 있다. 2020년 거래액만 28조 원이 넘는 결제가 네이버쇼핑에서 이뤄졌고, 대부분 네이버페이로 결제됐다. 코로나19 사태가 시작된 2020년 1분기에만 전년 대비 46%나 증가하기도 했다.

네이버는 네이버페이를 항공권, 호텔, 예약, 공연 등 거의 모든 분야의 상거래에 적용하는 수순을 진행 중이다. 최근에는 대한항공과 업무협약을 체결하고, 네이버페이로 대한항공 항공권을 살 수 있도록 했다. 네이버 유로 멤버십을 활용하면 대한항공 마일리지 혜택도 더 받을 수 있도록 했다.

네이버파이낸셜은 네이버페이와의 강력한 연동을 앞세워 수시 입출금식 종합자산관리계좌CMA 통장인 네이버통장을 출시하기도 했다. 네이버통장으로 네이버페이 포인트를 충전하고, 네이버 쇼핑·예약·웹툰에서 결제하면 기존보다 0.5%포인트 높은 최대 3%까지 포인트 적립이 된다. 타행 송금도 횟수 제한 없이 무료다. 전통 금융사들의 입출금 계좌와 비교했을 때 그야말로 파격이다.

30만 원짜리 네이버 후불결제 서비스도 출시된다. 플랫폼 기업에 소액 후불결제 서비스가 허용되는 첫 사례다. 이 경우에도 주부나 대학생, 사회초년생 등 씬파일러들이 주요 타깃이다. 1,300만 명에 이르는 이들은 신용 이력이 부족해 신용카드 발급이 어려웠고, 대신 체크카드나 하이브리드카드를 사용해왔다. 네이버 후불결제 서비스는 이들의 금융 가려움증 일부분을 해소할 것으로 보인다.

라인뱅크로 아시아 금융 제왕 노린다

네이버는 국내에서는 네이버파이낸셜을 통해 금융 플랫폼 연결에 주력하지만, 해외에서는 관계사 라인을 통해 직접 인터넷 전문은행 사업을 펼치고 있다. 일본과 아시아 시장이 주요 무대다.

일본의 인터넷 전문은행인 라인뱅크 설립을 위해 라인의 금융 자회사인 라인파이낸셜은 일본 미즈호파이낸셜그룹과 1,263억 원 규모의 출자를 결의했다. 2022년 라인뱅크가 설립되면 일본의 첫 모바일 기반 모바일뱅크가 된다. 최대 장점은 8,600만 명의 일본 가입자를 보유한 라인 메신저와의 연결이다. 일본과 동남아시아 시장에서 라인이 인터넷 전문은행 사업에 직접 뛰어든 이유는 시장의 독점적인 메신저인 라인과 연결했을 때 시너지가 적지 않다는 판단에서다.

라인은 또 다른 자회사 라인파이낸셜아시아를 통해 아시아 시장에서 이미 인터넷 전문은행 사업에 뛰어든 상태다. 태국과 인도네시아가 타깃이다. 태국에서는 태국 카시콘은행의 자회사인 카시코비전컴퍼니와 합작해 2020년 10월부터 라인BK라는 인터넷 전문은행을 시작했다. 인도네시아에서도 하나은행 인도네시아법인과 손잡고 인터넷전문은행을 시작한다는 목표다.

라인은 이처럼 철저히 현지화 전략을 택하고 있다. 현지 금융사와의 협력으로 현지 합작법인을 만들고, 외국 기업이라는 이미지를 약하게 만들어 해당 지역의 고객들이 거부감을 덜 느끼도록 만든다. 실제로 일본에서 추진 중인 라인뱅크는 미즈호은행과의 합작을 부각하며 일본의 인터넷 전문은행이라는 인식을 심어줬다. 라인 메신저 자체도 네이버제팬의 철저한 현지화 전략으로 자국에서 만든 서비스라고 인식하는 일본 인구가 대다수라고 전해진다.

라인의 경쟁력은 일본과 동남아시아 시장에서 사용자 층이 두텁다는 데 있다. 일본을 포함해 아시아 전역으로 확장하면 라인을 이용하는 MAU는 무려 1억 8,500만 명에 달한다. 특히 간편결제 등 핀테크 분야에서도 규모의 경제 효과가 예상된다. 라인과 Z홀딩스(야후재팬)는 원래 검색과 메신저로 각자 주력 영역이 달랐으나, 최근 라인은 라인페이(약 3,700만 명)로, 야후재팬은 페이페이(약 1,900만 명)로 일본 간편결제 시장에서 치열한 경쟁을 벌여왔다. 라인은 2020년 5월 일본 내 금융 관련 서비스 시장 선점을 위해 3,258억 원 규모의 마케팅 활동을 펼치는 등 출혈 경쟁을 벌이기도 했다. 이제 경영 통합이 이뤄졌기 때문에 이 같은 비용을 줄일 수 있을 뿐 아니라, 라인페이와 페이페이의 결합을 통해 아시아 최대 간편결제 서비스로 도약할 기반도 마련했다.

네이버 금융 - 플랫폼으로 연결

카카오뱅크로 만든 금융 혁신, 직접 사업 뛰어드는 카카오

2015년 11월, 카카오뱅크는 국내 IT 기업 최초로 인터넷전문은 행 인가를 받은 뒤 2017년부터 첫 영업을 시작했다. 이후 4년 만인 2021년 1월, 카카오는 카카오페이를 통해 디지털 손해보험사 설립을 추진하고 있다. 손해보험사까지 설립하게 되면 카카오는 국내 두 번 째 인터넷 전문은행 카카오뱅크와 테크핀 최초 증권사인 카카오페이 증권에 이어 카카오보험까지 은행, 증권, 보험 등 금융의 모든 카테 고리에서 사업하는 '금융 카카오'의 대업을 세우게 된다.

특히 카카오페이가 이번에 진출을 시도하는 보험 시장은 금융 영 역에서도 대표적인 레드오션으로 꼽힌다. 사업을 직접 하려고 뛰어 들기에 쉽지 않은 이유는 기존 보험사들의 수십 년 카르텔을 뚫기가 어려워서다. 때문에 대표적인 테크핀 금융 서비스 회사 토스도 자사의 플랫폼 위에 수십 개의 보험사와 제휴를 맺고 보험사의 상품을 얹어놓는 형태로 서비스를 만들어왔다. 하지만 카카오의 금융 사업 진출 방식은 늘 직접 새로운 영역의 문제를 해결하면서 뚫고 들어가 사업을 진행하는 방식으로 이뤄졌다. 네이버가 직접 사업을 하지 않고, 플랫폼 사업자를 자임하며 여러 금융회사와 제휴를 맺는 것과는 정반대다.

출범 5년 차 카카오뱅크, 예쁘고 편리하다

여민수 카카오 공동대표는 2020년 9월 한국인터넷기업협회 20주년 기념 인터뷰에서 인터넷 산업의 과거와 현재, 미래에 대해 답했다. 그는 지난 20년 동안의 인터넷 산업에서 가장 기억에 남는 한 장면으로 "2017년에 만들어진 카카오뱅크의 시도가 상당히 의미 있는 것으로 개인적으로 생각한다. 모바일을 통해서 은행 업무에 대한 완벽한 혁신을 이뤄냈고, 힘든 법 개정의 과정이 있었는데 그 과정을 통해서 또 한 번의 도약을 할 수 있는 좋은 계기가 마련된 것 같아서 기술적으로나 사용자 편익 측면에서나 산업의 발전적인 측면에서도 굉장히 인상적인 측면이 아니었나 한다"고 밝혔다. 은행 점포 없이도 비대면으로 업무를 충분히 볼 수 있는 인터넷 전문은행의 모습을 구현해냈고, ICT 기업도 전통적인 금융 영역인 은행 사업을 직접 꾸릴

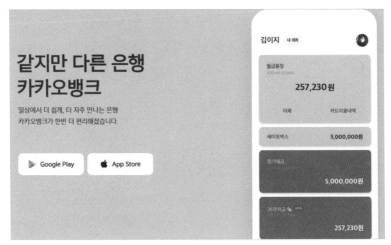

같지만 다른 은행
카카오뱅크

일상에서 더 쉽게, 더 자주 만나는 은행
카카오뱅크가 한번 더 편리해졌습니다.

▶ Google Play   App Store

김이지 내계좌

월급통장
257,230원
이체   카드이용내역

세이프박스   5,000,000원

정기예금
5,000,000원

26주적금
257,230원

은행 앱 MAU 1위를 차지하고 있는 카카오뱅크

사진: 카카오뱅크 홈페이지 화면 캡처

수 있게 만든 것이 지금의 카카오뱅크라는 얘기다.

카카오뱅크는 2015년 은행업 예비인가를 받은 뒤, 2017년 7월부터 출범한 국내 두 번째 인터넷 전문은행이다. 2021년 2월 기준 카카오의 총자산은 26조 6,500억 원이다. 전년 대비 3조 9,560억 원이나 늘었다.

은행 앱 MAU에서는 확고부동한 1위다. 인터넷 전략 컨설팅 업체 코리안클릭에 따르면 매달 1회 이상 카카오뱅크를 접속하는 이용자 수는 2021년 1월 기준 1,250만 명을 기록했다. 2위인 국민은행 KB 스타뱅킹 앱은 1,000만~1,050만 명 수준이다.

카카오뱅크는 출범 당시부터 '편리하고 예쁘고 싸다'라는 이유로 고객을 끌어모았다. 카카오뱅크가 출범 이전부터 가장 골몰했던 것은 바로 모바일 앱 사용자 환경 개선이었다. 기존 은행은 오프라인 지점에서 PC와 모바일로 변화를 거듭했지만, 카카오뱅크는 오프라인 지점도 없다. 처음부터 끝까지 모바일 서비스에만 집중하는 방식으로 설계됐다.

카카오뱅크는 모바일 앱을 다운로드하고 비대면 실명 인증을 통해 계좌 개설을 하는 모든 과정이 5~10분밖에 걸리지 않는다. 특히 지금은 구시대의 유물이 된 공인인증서 등록 절차를 없앤 것은 고객들의 열렬한 환호를 받았다.

카카오뱅크가 자체적으로 가장 유의 깊게 보는 지표는 모바일 앱 순방문자 수$_{Unique\ Visitor}$다. 편리한 사용자경험$_{UX}$과 수수료 면제, 26주 적금 등 참신한 상품으로 트래픽을 높이면, 결국 서비스에 록인되는 효과를 만든다는 것이다. 일단 앱으로 최대한 많은 고객을 끌어모으는 것이 핵심이다.

카카오프렌즈 캐릭터를 활용해 기존의 딱딱한 은행 이미지에서 벗어난 것도 이용자 확대에 한몫했다. 카카오가 체크카드 신청자에게 함께 동봉해 나눠주는 카카오프렌즈 캐릭터 스티커를 얻기 위해서 계좌를 개설했다는 젊은 층도 많았다. 카카오프렌즈 캐릭터 체크카드는 MZ세대 사이에서 하나의 유행처럼 번졌다. 시중은행에서 카카오뱅크가 왜 예싱보다 인기를 얻는지 설문조사했더니, 카카오뱅크 고객들이 "캐릭터가 그려진 체크카드가 예쁘다"라는 답변이 다수였다고 해서 당혹스러워했다는 말도 전설처럼 전해진다. 카카오는 IC칩 사용이 늘어나고 있다는 점에 착안해 관행적인 가로형 대신 세로형 체크카드를 디자인했다. 라이언, 무지, 콘, 어피치 등 카카오의 캐릭터를 카드 정보가 가리지 않도록 카드 정보는 뒷면에 배치했다. 출범 초기 2019년 9월에는 961만 장에 육박했던 카드 발급 수는 2020년 9월 말에는 1,314만 장에 육박했다.

모임통장, 저금통, 26주 적금 줄줄이 대흥행

카카오톡 초대 기능을 활용해 회비를 관리하도록 한 '모임통장' 기능은 카카오뱅크 계좌가 없어도 이용할 수 있는 서비스로, 회심의 아이디어로 꼽힌다. 친구 초대 기능을 활용하면 회비를 관리하는 모임통장을 쉽게 이용할 수 있다. 카카오뱅크에 따르면 계좌가 없이 가입했던 모임통장 멤버가 계좌개설 고객으로 전환되는 비율이 44%에 달한다. 친구의 카톡 초대로 한번 모임통장에 발을 들이면 그중 절반 정도가 진짜 카카오뱅크 고객으로 남는 셈이다.

카카오뱅크 '저금통' 서비스는 실물 저금통의 특징을 카카오만의 감성으로 해석해냈다. 카카오는 집마다 있던 빨간색 돼지 저금통을 어떻게 모바일로 가져올 수 있을지 고민했다. 고민의 결과는 카카오뱅크 저금통 서비스였다. 1,000원 미만의 잔돈이 매주 평일 밤 12시에 저금통으로 자동 이체되도록 만들었다. 또 최대 10만 원까지의 금액만 모을 수 있게 한 것도 카카오만의 발상이었다. 작은 돼지 저금통을 아무리 동전과 지폐 몇 장으로 가득 채워도 보통 10만 원이 채되지 않은 경험을 고객들이 한 번쯤은 해봤다는 판단이었다. 게다가 내가 저축한 금액을 대놓고 확인할 수 없도록 한 것은 고객들이 저금통에서 느꼈던 감정 그대로를 구현하기 위함이었다. 어린 시절 저금통의 작은 구멍을 손으로 눌러보며 저금통에 돈을 얼마쯤 모았는지 엿보던 그 시절의 감성을 자극하기 위해 카카오는 실시간 저축액 확인 기능 대신 엿보기 기능을 도입했다. 엿보기를 누르면 쌓인 금액을 대략 가늠할 수 있다. 자판기 커피, 떡볶이, 지폐 한 장 등 저축한 금액만큼의 이미지들로 수시로 바뀌며 저축액은 대략 확인이 됐다. 출금할 때는 전액 출금이 가능한 것도 저금통만의 특징이다. 돼지 배를 가른 뒤에는 다시 새로운 저금통을 구매해서 채워야 하는 것처럼 전액 출금 이후 다시 새롭게 저금통 기능을 이용할 수 있게 했다.

26주 적금 서비스는 매주 납입 금액을 최초 가입금액만큼 늘려가는 방식으로 기존의 적금 서비스와는 다른 형태 덕에 인기를 끌었다. 예를 들어 1,000원 상품의 경우 첫 주에는 1,000원, 둘째 주엔 2,000원, 셋째 주에는 3,000원을 납입하는 구조다. 26주간의 도전 현황을 인스타그램에 공유할 수 있도록 설정한 것도 고객들의 도전정신을 자극하면서 금융이 더 이상 딱딱하거나 어려운 것이 아니라는 느낌을 자꾸 들게 했다.

대한민국 첫 간편결제, 카카오페이

카카오 금융의 또 다른 한 축은 카카오페이다. 카카오페이는 2014년 국내에서 간편결제 서비스를 개시한 첫 사례. 간편결제라는 서비스가 대중에게 익숙하지 않을 때 선물하기 서비스를 시작으로 송금과 인증, 청구서, 오프라인 결제까지 각종 금융 서비스를 만들어왔다. 카카오페이의 거래 대금만 2017년 1분기 3,000억 원이었는데, 4분기에는 1조 8,000억 원에 이르렀고, 2019년부터는 매 분기당 10조 원을 넘어서는 기염을 토했다. 2020년 4분기 기준 카카오페이 거래액은 19조 9,000억 원이었다. 2021년 카카오페이의 거래대금은 92조 원을 넘을 것으로 예상된다.

카카오페이는 2016년 4월부터 '송금하기' 기능을 넣은 뒤로 이용자가 폭발적으로 늘었다. 2016년 10월, 이용자 1,000만 명을 넘어섰고, 2017년 10월에는 2,000만 명을 넘어섰다. 국민 메신저 카카오톡을 이용해 친구에게 돈을 보낼 수 있도록 한 송금이 핵심 성장 배경이었다. 카카오페이는 한발 더 나아가 지인들과의 정산과정에서 편의와 재미를 더해주는 기능을 추가한 '정산하기' 코너도 선보였다. 정산하기를 이용할 때 하단의 종 아이콘을 선택하면 정산에 응답하지 않은 친구에게 자동으로 알림 메시지를 보내는 날짜와 시각도 설정할 수 있다. 카카오페이가 알아서 정산독촉을 해주는 것이다. 랜덤 비율로 정산 금액이 배분되는 사다리 타기 기능도 재미 요소다.

카카오페이가 시작한 증권사업에도 카카오만의 금융 철학이 스며 있다. 카카오페이는 바로투자증권을 인수해 카카오페이증권으로 사명을 바꿨다. 2020년 2월 공식 출범한 카카오페이증권 역시 친숙함과 재미 요소를 극대화해 2030세대를 공략 중이다. 카카오페이증권의 타깃 고객은 3,500만 명의 카카오페이 고객과 4,500만 명의 카카오톡 사용자다. 카카오페이증권은 사용자 연령대가 지속적으로 확장되고 있다는 것을 고무적으로 보고 있다. 2020년 말 기준으로 20대 29%, 30대 29%, 40대 24%, 50대 12%로 이용자는 고른 연령대를 보였다.

카카오페이증권의 대표적인 상품은 카카오페이 결제 후 남은 잔돈으로 펀드 투자를 할 수 있도록 한 동전 모으기다. 1,000원 미만의 잔돈을 알아서 계산해 지정 펀드에 투자할 수 있도록 했다. 이 같은 잔돈 투자 상품은 '투자는 목돈으로 해야 한다'는 금융의 높은 장벽과 관련한 이미지를 없애며 증권 시장에 대한 진입 장벽을 낮췄다. 전통적인 금융권에서는 너무 자잘해 주목하지 않던 것들이다.

카카오페이증권은 카카오뱅크, 카카오페이 등 카카오만 선보였던 고객 경험을 똑같이 누리도록 하는 게 목표다.

카카오 금융 - 직접 사업 뛰어들기

페이 고객 확보 쟁탈전,
이유는 양질의 데이터

 신용카드나 계좌정보를 스마트폰 앱에 등록해 지문인식이나 비밀번호 같은 간단한 인증으로 대금을 결제하는 방법을 간편결제라고 한다. 네이버페이나 카카오페이, 삼성페이는 바로 간편결제 서비스다. 간편결제의 발달은 많은 사람이 평소에 지갑을 가지고 다니지 않도록 만들었다.

 필자만 해도 평소에 지갑을 가지고 다니지 않는다. 삼성전자 갤럭시노트10의 삼성페이 하나만으로 오프라인에서 결제를 완벽하게 해낼 수 있기 때문이다. 2016년부터 삼성페이를 써왔다. 그때만 해도 편의점에서 스마트폰을 인식시키기 위해 점원에게 핸드폰을 건네주면 시간이 꽤 걸렸다. 앞면, 뒷면, 옆면 등 핸드폰이 흠집 날 때까지

삼성전자의 간편결제 삼성페이를 이용해 결제를 준비하는 모습

사진: 삼성전자 뉴스룸

핸드폰을 바짝 가져다 대야 인식이 겨우 되는 수준이었다. 하지만 지금은 포스기 근처에 가져다 대기만 해도 인식된다. 삼성페이 결제방식인 마그네틱 보안전송기술MST과 편의점의 포스기 성능 등이 발전한 것이다.

쇼핑은 주로 네이버 쇼핑을 이용해왔다. 온라인 쇼핑 결제에는 네이버페이를 쓴다. 밖에서 밥을 먹고 나서 대표로 값을 결제한 친구에게 돈을 송금할 때는 카카오페이를 쓴다.

실제 사업자점유율도 고스란히 이 같은 필자의 행태를 반영한다. 간편결제 사업자 전체의 44%가 네이버페이(1위), 37%가 삼성페이(2위), 그나음이 페이코(10%), 카카오페이(9%) 순이다. 간편송금 이용률에서는 순위가 좀 달라진다. 카카오페이가 60% 넘는 이용률로 1위,

40%에 육박하는 토스가 2위다. 국내 간편결제 시장 규모는 2016년 26조 8,800억 원에서 2018년 80조 1,450억 원을 거쳐 2019년 120조 원까지 늘어났다(한국은행, 금융감독원).

현재 국내 페이 시장은 수많은 플레이어가 저마다의 장점을 내걸고 격돌하고 있다. 네이버페이, 카카오페이뿐만 아니라 쿠팡은 쿠페이, 이베이코리아는 스마일페이, 11번가는 SK페이 등이 있다. 유통 대기업인 롯데와 신세계도 각각 자체 페이를 운영하고 있다. 국내에 출시된 간편결제 서비스만 무려 50종이 넘는다.

양질의 데이터를 획득하는 방법은 페이

네이버와 카카오가 자체 페이 시스템을 내놓은 이유는 바로 데이터에 있다. 간편결제를 잡아야 양질의 데이터를 확보할 수 있기 때문이다. 데이터를 확보하면 무엇에 좋을까? 바로 인공지능 기술을 고도화하는 데 핵심 요소가 바로 양질의 데이터다. '간편결제→데이터→인공지능'까지 올라가는 것이다. 기업들마다 빅데이터를 얘기하고 있지만, 인공지능 연구자들이나 기업가들은 늘 양질의 데이터가 부족하다고 토로한다.

네이버의 인공지능 사업을 총괄했던 세계적 인공지능 석학 김성훈 업스테이지 대표(홍콩과기대 교수)도 마찬가지로 아쉬움을 표했다. 김 대표는 "한국의 인공지능 인재들 수준은 세계 최고다. 한국은 인공지능 포텐셜이 굉장히 큰 나라다. 미국이 인공지능 종주국이라고 해서 인공지능 공부하러 미국에 갔더니 그곳에서 주도하는 사람들은 모두 한국 사람들이더라. 한국 인재들은 정말 똑똑하다. 다만 한국은 데이터가 좀 부족하다. 저작권 등 이유로 묶여 있는 데이터가 너무 많다. 질 좋은 데이터가 필요하다"고 밝혔다.

대부분의 데이터가 저작권에 묶여 있다는 얘기다. 가령 인공지능에 "한국과 일본이 독도를 두고 언제 충돌했어?"라는 물음의 답을 듣고 싶으면, 인공지능이 과거 뉴스들을 다 읽어 들여서 공부를 해봐야만 한다. 하지만 인공지능은 그와 같은 선행 작업을 할 수 없다. 데이터가 대부분 언론사 뉴스이기 때문에 저작권에 다 묶여 있다.

간편결제 데이터는 데이터 중에서도 가장 양질의 데이터로 꼽힌다. 소비자의 구매 패턴을 확인할 수 있기 때문이다. 성별, 연령대, 주요 구매 시간, 자주 보는 콘텐츠 등 소비자와 구매 패턴을 확인할 수 있는 모든 정보가 간편결제 데이터에 누적돼 있다. 쇼핑·결제 정보를 결합해 고객의 구매 패턴을 분석할 수 있는 빅데이터가 많이 모일수록 고객 맞춤형 마케팅도 보다 정교화된다. 삼성전자와 같은 스마트폰 제조사는 물론이고 네이버, 카카오 등 IT 기업, 쿠팡과 같은 유통 기업, 전통적인 금융사까지 모두 독자 간편결제를 띄우려고 하는 게 바로 그 이유다.

소비자 입장에서도 간편결제는 좋다. 카페, 식당, 영화관 등 어지간한 오프라인 공간에서는 모두 간편결제로 결제가 이뤄진다. 지갑을 가지고 다닐 필요가 없다. 전기나 수도요금 같은 각종 공과금도 페이 서비스를 이용하면 쉽다. 아파트 관리비도 페이로 간단하게 결제가 된다. 한번 카드나 계좌를 등록해두면 최대 6자리 비밀번호만 치면 결제가 끝난다.

네이버와 카카오가 쇼핑 시장을 빠르게 잠식하는 데 일등 공신 역할을 했던 것도 바로 간편결제 시스템 페이다. 간편결제는 신용카드 또는 계좌를 연결해 간단한 인증만으로도 결제를 모두 완료하는 고객 편의성에 기반한다. 그동안 소비자들은 쇼핑할 때마다 본인 인증 등 확인 절차를 거치고 공인인증서를 사용해 결제하면서 물건을 사기도 전에 지치는 경우가 부지기수였다. 하지만 간편결제 페이를 통해 소비자들의 모바일 쇼핑은 비가역적인 변화를 가져왔다.

2020년과 2021년 논란이 되는 구글의 인앱결제 의무화 정책도 사실 양질의 데이터와 관련된다. 네이버웹툰 등 유료 디지털 재화를 구매하는 사람들이 기존에는 네이버페이라는 네이버의 자체 결제망을 써도 됐는데, 이제 구글 결제 시스템 안으로 들어와 결제하라는 것이다. 구글의 자체 결제망을 의무로 쓰게 하는 정책이 바로 인앱결제 정책이다. 네이버의 자체 결제망을 이용하면 네이버에 고스란히 데이터가 쌓이는데, 구글의 결제망을 쓰면 자사 결제망을 쓰는 것보다 데이터가 덜 모인다. IT 기업은 이렇게 데이터 전쟁을 펼치고 있다. 데이터는 곧 인공지능, 인공지능은 곧 미래 비즈니스 시장의 성패를 좌우한다. 간편결제를 잡는 자, 천하를 얻는다고 단언하는 이유다.

비대면 트렌드 확산으로 오프라인 결제 시장 커진다

네이버페이와 카카오페이는 각각 온라인을 넘어 오프라인 결제까지 확장하고 있다. 간편결제를 이용해 매장에 도착하기 전 주문과 결제를 완료하면, 음료나 음식만 빠르게 받을 수 있어 접촉을 최소화할 수 있다는 점에서 코로나19 사태 이후 각광받고 있다.

먼저 네이버는 네이버주문을 활용해 오프라인으로 확장전을 펼치고 있다. 네이버주문은 국민 대다수가 이용하는 네이버 앱을 통해 이용자에게는 기다리는 불편함을 줄여주고, 매장 직원에게는 번거로움을 없애는 등 서로의 편의성을 높이기 위해 탄생했다. 2020년 9월 기준 출시 1년 만에 주문금액 약 57배, 주문 건수 약 117배가 성장했다. 포장주문부터 미리주문, 테이블주문 등 항목이 있다. 일종의 네이버판 스타벅스 사이렌오더라고 보면 이해하기 쉽다. 심지어 스타벅스도 자사 사이렌오더 외에 네이버주문 기능을 도입했을 정도다.

네이버는 네이버주문의 활용을 지속적으로 확대해왔다. 베스킨라빈스, 던킨도너츠, 커피빈, 스타벅스 등 프랜차이즈 업체와 제휴를 맺었고, 한국고속도로공사와의 협약으로 150개 휴게소에서도 네이버주문을 적용한다. 편의점 CU매장 5,000여 점도 네이버주문을 활용할 수 있다. 네이버에서 편의점 상품을 1만 원 이상 주문·결제하면 해당 섬포로 주문 내역이 전송된다.

네이버주문은 코로나19 이후 변화된 일상을 반영한 트렌드로 읽힌다. 식당에서 음식을 먹으려는 고객이 감소하면서 매장식사의 주문 수는 대폭 줄었고, 대신 식당에서의 포장주문이 크게 증가했다. 카페에서는 최대한 체류시간을 줄이기 위해 네이버주문으로 미리 음료를 주문하는 패턴이 늘어났다.

한편 카카오의 챗봇 주문은 카카오톡 안에서 주문·결제·적립이 가능한 서비스다. 결제 시 카카오톡으로 스탬프를 자동으로 적립해준다. 스탬프가 완성되면 무료 음료 쿠폰으로 교환해준다. 카페 위주로 도입돼 특화 매장에서 사용률이 높다는 게 카카오의 설명인데 최근 식당까지 업종을 확대하고 있다. 2020년 2월 베타 서비스를 시작했고, 카카오 챗봇 주문을 도입한 매장은 2020년 10월 기준 453개까지 확장됐다.

공인인증서 빠진 자리 디지털 인증 시장 경쟁도

네이버와 카카오의 경쟁은 디지털 인증 시장으로도 확대됐다. 2020년 12월 공인인증서 제도가 폐지됐기 때문이다. 카카오는 카카오페이와 카카오톡을 기반으로 2017년 6월 카카오페이 인증 서비스를 시작했다. 2020년 12월에 출시한 카카오톡 인증 서비스인 카카오톡 지갑의 이용자 수는 2021년 3월 기준 700만 명을 넘었다.

카카오의 최대 강점은 전 국민이 사용하는 국민 메신저 카카오톡에서 인증할 수 있다는 점이다. 즉 별도 앱을 설치할 필요가 없다. 카카오는 카카오톡 메시지를 통해 관련 인증 내용을 실시간으로 안내해준다. 카카오톡 지갑에 한 번 인증해두면 자격증과 학생증을 모두 대체할 수 있다는 것도 큰 장점이다.

카카오는 코로나19 감염과 확산 방지를 위해 도입한 전자출입 명부인 QR체크인, 모바일 운전면허 확인 서비스 등을 순차적으로 지갑에 담았다. 특히 한국산업인력공단이 발급하는 국가기술자격증 495종목도 포함됐다. 대한상공회의소가 발급하는 컴퓨터활용능력, 워드프로세서 등 8종 자격증과 공인중개사, 공인노무사, 사회복지사 등 국가전문자격증으로 서비스 범위를 확대한다. 향후 카카오톡 지갑에 담긴 자격증은 카카오톡 프로필에도 추가할 수 있게 될 전망이다. 카카오 플랫폼을 통해 이용자의 전문성과 경력이 공식 인증되면 피싱이나 전문가 사칭 등 각종 사기를 줄일 수 있을 전망이다.

네이버는 카카오보다 인증 사업에 늦게 뛰어들었지만, 2020년 3월 시작한 네이버 인증 가입자가 2021년 2월 기준 400만 명을 돌파할 정도로 가파른 성장을 일궈냈다. 네이버도 네이버 앱의 '내 서랍'에 인증서를 담았다. 네이버는 국가기술자격증 495종목, 모바일 운전면허 확인 서비스를 카카오와 동일하게 활용할 수 있다. 특히 네이버의 PC 브라우저인 웨일을 이용하면, 네이버 인증서를 PC에서도 이용할 수 있도록 한 것이 큰 장점으로 꼽힌다.

핀테크를 넘어 테크핀,
테크가 금융을 주도하는 시대

"테크핀TechFin은 기술을 기반으로 만들어지는 새롭고 혁신적인 금융 서비스다. 우리의 목표는 전 세계 모든 사람이 언제 어디서나 금융 서비스에 쉽고 편리하게 접근할 수 있도록 만드는 일이다."

중국 알리바바의 마윈 회장은 2016년 12월, 중국에서 진행된 한 콘퍼런스에서 전 세계 처음으로 테크핀이라는 용어를 썼다. 마윈은 발표에서 핀테크는 이미 구축된 금융 서비스를 개선하는 기술을 의미한다면서 은행, 증권, 카드 등 전통적인 금융회사들이 IT를 접목하는 방식이 핀테크인 반면, 테크핀은 태생부터 IT 사업으로 시장에 뛰어든 기업들이 주도해서 혁신적인 금융 서비스를 내놓는 것을 의미한다고 설명했다. 핀테크와 테크핀은 시작점부터가 정반대다.

예를 들어 국민은행이나 현대카드 등 전통적인 은행, 카드회사, 보험회사들이 IT기술을 접목해 변화하는 게 핀테크라고 볼 수 있다. 반대로 테크핀은 구글, 페이스북, 네이버, 카카오 등 테크 기업으로 시작한 회사들이 실물카드나 간편결제 서비스, 은행 등 금융업에 진출하는 모습이다. 네이버페이, 네이버파이낸셜, 카카오페이, 카카오뱅크 등 네이버와 카카오가 펼쳐나가는 테크핀의 모습은 사실 생소한 일은 아니다. 테크 기업이 사업을 확장해갈 때 금융으로 확장하는 것은 글로벌 트렌드다. 양질의 금융 데이터를 확보하는 가장 쉽고 빠른 길은 바로 결제 기반 데이터를 확보하는 일이기 때문이다.

전 세계 28억 명의 사용자를 보유한 메신저 회사 페이스북이 페이스북페이를 출시한 것이 바로 대표적인 예다. 아이폰, 맥북 등 전통의 하드웨어 제조사 애플이 애플카드를 출시한 것도 새삼스럽지 않은 사례다. 세계 최대 포털 기업인 구글은 미국 내 금융기업과 손잡고 은행계좌 서비스를 2020년부터 내놓았다. 바야흐로 핀테크의 시대가 가고 테크핀의 시대가 도래했다.

구글, 예금 계좌 서비스로 월급 데이터 확보한다

구글은 글로벌 대형 은행 씨티그룹과 스탠퍼드연방신용조합과 손잡고 구글페이 앱에서 예금계좌 서비스를 제공한다. 구글은 2019년 11월 캐시Cache 프로젝트를 공개했는데, 2020년부터 당좌예금 계좌 서

2019년 글로벌 은행 씨티그룹과 손잡고 금융업에 진출한 구글. 사진은 구글 캠퍼스 안 카페

비스를 제공한다는 게 골자다. 당좌예금은 이자가 붙는 저축예금과 달리 개인 수표를 발급하거나, 체크카드 대금 결제를 위한 계좌다. 이 계좌를 통해 간편하게 수표를 발행하고, 지출 내역을 정리해 가계부처럼 볼 수 있다. 구글은 금융업에 진출하기 위해 직접 금융업 라이선스를 취득하는 대신 기존 금융권과의 협력 전략을 택했다. 별도의 인증 없이도 쉽게 시장에 진출하기 위해서다. 미국에서는 기업이 소비자 은행 계좌를 개설하려면, 미 연방예금보험공사FDIC와 국가신용조합청NCUA 등 금융당국 심사를 통과해야 한다. 구글은 이미 인증을 받은 씨티은행과 공동 투자하기 때문에 별도의 허가를 취득하지 않아도 된다. 구글 계좌는 씨티은행 이름을 달고 나온다. 네이버가 플랫폼으로서 제휴를 통해 금융 사업을 펼치는 전략과 유사하다.

구글은 왜 굳이 금융업 시장에 진출하려고 할까? 가장 큰 이유는 오프라인에서도 금융 관련 개인 데이터를 확보하기 위함이다. 신용카드나 인터넷뱅킹이 활발한 한국에서는 기업들만 수표나 어음을 발행한다. 하지만 미국에서는 개인이 수표를 사용하는 비율이 여전히 높다. 개인 간 거래를 할 때 한국에서 온라인 뱅킹을 사용하는 것처럼 수표를 발행한다. 예를 들어 월세를 낼 때 수표를 발행하는 경우가 많다. 따라서 구글페이에 매달 특정 날짜에 특정 금액을 지속해서 발행한다는 내용이 누적되면 월세 데이터를 확보할 수 있게 된다.

소비 패턴 파악보다 중요한 것은 예금 계좌를 개설하게 유도하는 것이다. 소비를 넘어 월급 등 개인 수입이 얼마인지의 데이터 측정이 가능해진다. 수입과 소비 등 재무 정보가 사용자의 위치와 주소, 이동 정보, 스마트폰 활용 패턴, 웹브라우저 방문 기록 등과 모두 결합되면 거대 빅데이터 체계가 구축된다.

___

페이스북, 페이로 28억 명 금융 생태계 구축한다

페이스북도 2019년 11월에 페이스북과 페이스북 메신저, 인스타그램, 왓츠앱에서 모두 사용 가능한 통합 결제수단 페이스북페이를 출시했다. 페이스북페이로 페이스북과 페이스북 메신저에서 기금 모금, 게임 아이템 구매, 이벤트 티켓, 개인 간 송금, 페이스북 마켓플레이스 상품 구매 등을 할 수 있다. 페이스북페이는 별도의 앱을 다운

받지 않고 페이스북 앱으로 이용할 수 있다. 페이스북 앱 혹은 웹사이트의 설정 페이지를 통해 페이스북페이를 누른 뒤 지급 방식을 고르면 된다. 페이스북페이는 페이팔뿐 아니라 대부분의 주요 신용 카드와 직불 카드를 지원한다. 지급 처리는 미국 온라인 결제 서비스 회사인 페이팔과 스트라이프가 맡는다. 페이스북 측은 "이용자의 금융정보(카드, 은행 계좌 등)를 암호화해 안전하게 관리하기 때문에 보안 이슈는 없을 것"이라고 강조하면서도, 이용자가 페이스북페이로 어떤 상품을 결제했는지 정보를 수집해 사용자가 관심을 둘 만한 광고를 제공하는 데 사용하겠다고 밝혔다. 사용자의 결제 수단, 거래일, 상품 배송에 필요한 연락처를 수집하겠다는 것이다.

현재 페이스북페이는 미국 전역에서 이용할 수 있는데, 전 세계 28억 명 이상이 사용하는 페이스북에서 간단한 동작만으로 결제나 송금을 진행할 수 있다는 점에서 거대 금융 생태계가 구축될 수 있다.

—

테크핀의 특명, MZ세대와 오팔세대를 공략하라

2020년은 전 국민이 주식 거래에 뛰어든 해로 기억될 것으로 보인다. 데이터가 증명한다. 2020년 12월 기준 주식 거래 활동계좌는 3,525만 개였고, 2019년 말과 비교해 20%(589만 개)가 늘어났다. 2019년에 234만 개의 신규 계좌가 늘어났다는 수치와 비교해도 가히 놀라운 열풍이다. 특히 주식 열기의 중심에 2030세대가 있다. 새로 개설한 계좌의 절반 넘는 비중이 모두 2030세대의 것으로 나타났다. 모바일 기술이 2030세대의 주식 열풍을 뒷받침했다. 계좌는 비대면으로 2~3분이면 만들고, 휴대폰으로 어떤 장소에서든 주식을 사고팔 수 있다.

공부도 쉬워졌다. 유튜브를 포함한 다양한 플랫폼에서 전문가들이 투자정보를 실시간으로 공유한다. 정보의 비대칭성 문제가 완화됐다. 뉴스가 나오면 팔아야 한다는 격언은 거의 예전 말이 됐다. 새로운 정보나 뉴스가 나오면 순식간에 SNS라는 뉴미디어로 퍼져나가기 때문에 정보는 거의 실시간으로 전해진다. 한 증권사 애널리스트는 "뉴미디어를 통해 열공하며 데이터 가공 능력도 뛰어난 새로운 부족이 증시에 출현했다"고 말했다.

디지털 원주민 세대인 2030세대에게는 정보 습득 창구나 연결 네트워크가 너무 많다. 다양한 디지털 기기와 서비스를 통해 스스로 정보를 검색하며 네트워크를 통해 세계와 소통한다. 부모님과 선생님으로부터 배우고 방송이나 신문, 출판물을 통해 바깥소식을 일방적으로 접하던 이전 세대와는 비교할 수 없이 많은 정보와 마주하면서 자랐다. 2030세대는 인터넷이 24시간, 365일 연결된 환경에서 자랐다. 스마트폰 등 모바일 기기와 페이스북, 트위터, 인스타그램, 유튜브 등 SNS가 신체 장기처럼 몸에 붙어 있다고 해도 과언이 아니다.

2030세대의 주식 열풍은 구조적인 문제도 기인한다. 부동산은 대출 규제와 함께 수억 단위의 목돈이 있어야 하고, 예·적금 금리는 턱

없이 낮기 때문에 갈 수 있는 곳이 주식 시장뿐이다. 주식 시장에서는 소액투자도 가능하고, 돈을 빼기도 쉽다. 이때, 이들이 원하는 금융은 딱딱한 게 아니다. 조회나 이체 같은 필수 기능은 클릭 한두 번에 완료돼야 하고, 어렵고 딱딱한 금융 용어는 쉽게 풀어줘야 한다. 카카오뱅크가 성공할 수 있었던 핵심 비결도 MZ세대에게 남다른 고객 경험ux을 선사한 것에서 비롯한다.

금융 스타트업으로 시작해 유니콘으로 키워나간 토스도 마찬가지다. 공인인증 없이도 간편송금을 가능하게 했고, 내가 잘 접하지 않았던 신용점수를 한눈에 측정할 수 있도록 만들어 MZ세대를 끌어들였다. 토스증권은 한발 더 나아가 주식 투자 초보자들이 이해하기 어렵거나 혼란스럽다고 지적한 부분은 과감히 제거하고 필요한 기능을 구현하는 데 초점을 맞췄다. 투자자가 친숙한 브랜드명을 검색창에 입력하면 관련 종목들이 조회된다. 비비고를 입력하면 CJ와 CJ제일제당이 뜨는 식이다. 또 매수·매도 등 증권 MTS에서 보편적으로 사용되던 메뉴의 이름도 각각 구매하기, 판매하기 등으로 표시됐다. 마치 음원차트를 보는 듯한 '구매 TOP 100', '관심 TOP 100' 등 토스증권 이용자의 매매 통계에 기반한 투자 정보를 제공한다.

MZ세대가 원하는 또 다른 쉬운 금융은 개인별 추천 기능이다. MZ세대는 알고리즘이 알아서 나에게 알맞은 상품을 추천해주기를 바란다. 가령 개인 금융관리 테크핀 스타트업 뱅크샐러드 가계부에 등록된 실제 나의 소비 데이터를 기반으로 가장 혜택이 큰 카드 상품을 추천해줘야 서비스가 살아남는다. 내가 카드를 바꿨을 때, 내가 보험을 바꿨을 때 내가 매월 얼마를 아낄 수 있는지 보여줘야 한다. 초개인화에 기반한 큐레이션을 해야 살아남는다는 얘기다.

한편 MZ세대를 넘어 오팔OPAL세대 공략도 금융 회사들의 새로운 화두다. 김난도 교수가 《트렌드 코리아 2020》에서 처음 제시한 오팔은 'Old People with Active Life(활기찬 생활을 하는 고령자)'의 앞 글자를 딴 신조어다. 새로운 소비층으로 떠오르고 있는 '5060 액티브시니어active senior'를 뜻한다. 비대면 트렌드가 확장되면서 오팔세대는 그간 밀레니얼세대에 비해 모바일을 활용한 소비와 결제가 활발하지 않았지만 최근 새로운 모바일 금융을 이용하는 층으로 급부상하고 있다.

특히 2030세대는 모바일 금융 이용에 이미 포화상태이지만, 구매력이 큰 5060세대가 아직 시장에 들어와 있지 않다고 금융계는 판단했다. 간편결제만 놓고 봐도 카카오페이 등 간편결제 사용자의 주 연령층은 20대에서 40대까지. 카카오페이 사용자의 절반 이상은 아직 2030세대다. 카드 업계 관계자는 "50대 고객은 다른 세대에 비해 결제 건당 액수가 매우 크다. 결제액에 비례하는 수수료가 수익원인 간편결제 업체는 오팔세대로의 외연 확장이 중요하다"고 밝혔다.

뱅크샐러드는 5060세대를 위한 보험 추천, 연금 진단, 주거 자산 관리 등 노후 설계에 필요한 초개인화 맞춤형 솔루션을 제공한다. 5060 이용자 비율이 전년 대비 약 17% 늘어나는 등 이들 세대의 비율이 커지자 관련 상품들을 내놓은 것이다.

고객을 끌어모아라,
본격 구독의 시대

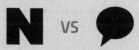

네이버 vs 카카오

N V5 💬

네이버 구독의 키,
유료 멤버십

미국 최대 이커머스 업체 아마존은 매년 약 435조 원(3,860억 달러)에 달하는 매출을 올린다. 아마존은 전자책을 시작으로 클라우드와 제약, 헬스케어, 식품배달 등 사업으로 끊임없이 확장하며 매출을 확대했다. 아마존 매출 확대의 핵심 원칙은 '고객을 최대한 아마존 서비스 플랫폼 안에 묶어둔다'였다.

2004년부터 시작한 아마존의 멤버십 서비스 아마존 프라임Amazon Prime은 매달 12.99달러(약 1만 4,600원)를 지불하면 아마존의 유료 회원 자격을 갖추게 된다. 전 세계 1억 5,000만 명이 넘는 충성고객이 아마존 유료 멤버십을 활용하고 있다. 아마존만의 정체성이 담긴 각종 서비스를 끊임없이 내놓으며 고객을 모으는 방식에 '아마존당하다

Amazonized'라는 신조어도 나왔다.

고객을 최대한 아마존에 묶어두는 데 효과를 본 방식은 바로 쇼핑과 OTT를 결합해낸 전략이다.

아마존의 쇼핑 혁신은 유료 회원에게 빠른 배송을 제공하는 게 가장 중요했다. 유료 회원들은 구매금액과 상관없이 아마존에서 구입한 모든 제품을 이틀 내에 받을 수 있었다. 심지어 배송비는 무료였다. 일반 회원들의 경우 주문금액이 25달러 미만이면 별도 배송비가 부과됐고, 배송기간도 수일이 소요됐다. 물리적 거리가 멀어 배송이 느린 북미 지역에서 이틀 내로 물건을 받을 수 있다는 것은 획기적인 일이었고, 고객들의 마음을 단숨에 사로잡았다.

게다가 아마존의 OTT 서비스인 아마존 프라임비디오를 통해서 수천 개의 TV 프로그램과 영화를 마음껏 즐길 수 있도록 했다. 아마존 뮤직에서 제공하는 6,000만 곡의 음악도 무제한으로 감상할 수 있었다.

아마존은 2004년 첫 유료 멤버십 서비스를 시작한 이래 지난 18년간 매출을 높여가며 전 세계 기업들에 쇼핑(무료배송)과 OTT(콘텐츠)의 결합이 고객을 자사 서비스에 강력하게 '록인' 시킬 수 있다는 사실을 증명했다.

네이버의 유료 회원제 서비스인
네이버 플러스 멤버십

쇼핑과 OTT 결합, 선택 아닌 필수

국내 온라인 쇼핑 거래액은 2020년 161조 원 규모로 추정된다. 바로 직전 해인 2019년 135조 원보다 26조 원이 늘어나며 크게 성장했다. 거래액 기준 시장 점유율 1위는 17%의 네이버다(2위 쿠팡 13%, 3위 이베이코리아 12%).

네이버는 2020년부터 본격적인 록인 전략을 펼치고 있다. 핵심은 유료 멤버십 서비스다. 네이버의 주요 서비스를 한데 묶어 서비스하는 유료 멤버십을 통해 네이버페이 쇼핑 적립금을 제공하고, 웹툰 이용권과 음원, 드라마, 영화 등 디지털 콘텐츠 이용권 등의 각종 혜택이 제공된다.

유료 멤버십 서비스 이용자는 빠르게 늘고 있다. 2020년 6월 첫 출시한 유료 멤버십 서비스 네이버 플러스 멤버십 가입자는 출시 6개월 만에 250만 명을 돌파했다. 네이버가 당초 제시했던 연간 가입자 목표 200만 명을 단 6개월 만에 훌쩍 뛰어넘었다.

'네이버 플러스 멤버십'은 '아마존 프라임'과 유사하다. 고객들은 월 4,900원의 이용료를 내면 쇼핑 결제 시 결제금액의 최대 5%까지 현금처럼 곧바로 쓸 수 있는 네이버페이 포인트로 적립해준다. 웹툰(네이버웹툰)·웹소설(네이버웹소설) 이용권, 오디오북(오디오클립) 이용권, 음원 서비스(바이브) 이용권, 최신 영화 감상 서비스(시리즈온) 이용권, 네이버클라우드 이용권 등 5종 가운데 4종의 디지털 콘텐츠 서비스를 선택하고, 이용할 수 있는 권한을 준다.

여기에 2021년 3월부터는 CJ그룹의 OTT 서비스인 티빙TVING 이용권을 추가해 네이버 유료 멤버십 고객들에게 추가 혜택을 제공했다. 유료 멤버십 서비스 이용자가 늘어나자 네이버는 월간 멤버십 개념의 구독 상품 이외에 연간 구독 상품도 내놨다. 연간 4만 6,800원, 한 달 요금 3,900원 수준으로 월간 멤버십 상품보다 1,000원 더 저렴한 가격 정책을 썼다.

멤버십 서비스 내에 포함된 자사 이용권은 자사 서비스의 이용률을 높이는 효과를 거뒀다. 네이버웹툰 콘텐츠를 주로 이용하는 고객들은 유료 멤버십을 가입했으니, 다른 쇼핑 플랫폼보다는 네이버쇼핑에서 쇼핑하는 게 더 이득이다. 현금처럼 쓸 수 있는 포인트를 적립해주기 때문이다. 또 네이버 쇼핑 주 고객이지만, 그동안 카카오의 음원 서비스 멜론을 이용해왔던 고객에게는 네이버의 자체 음원 서비스인 바이브를 통해 음원 콘텐츠를 소비할 유인이 제공된다.

네이버 멤버십 확장성, 로켓배송도 된다

네이버 플러스 멤버십이 빠르게 확장될 수 있었던 비결은 결제금액의 최대 5%를 현금처럼 사용할 수 있는 네이버페이 포인트로 적립해주는 데 있다. 유료 멤버십을 통한 네이버 쇼핑의 거래액이 대폭 늘었다는 것이 이를 증명한다. 네이버 자체 조사에 따르면 네이버 멤버십 가입자의 쇼핑 거래액은 미가입자 대비 5배에 달한다. 유료 멤버십을 이용한 쇼핑 만족도가 높다는 얘기다.

하지만 디지털 콘텐츠가 약하다는 불만은 끊임없이 제기됐다. 네이버웹툰을 제외하면 딱히 쓸 만한 디지털 콘텐츠가 부족하다는 것이다. 음원을 예로 들면 멜론, 벅스, 플로 등 기타 음원 플랫폼 서비스라는 선택지가 있고, 영상 콘텐츠 서비스도 넷플릭스나 왓챠, 아마존 프라임 비디오 등 기타 선택지가 있기 때문이다.

하지만 네이버 멤버십은 그 자체로 확장성이 있다는 게 무서운 지점이다. 네이버가 타사의 서비스와 신규 제휴만 맺으면 기존 혜택 패키지 안에 새로운 혜택을 너무도 손쉽게 추가할 수 있다.

네이버가 2021년 3월부터 멤버십 서비스에 CJ의 OTT 서비스인 '티빙'을 추가하기로 한 것처럼, 여타 서비스를 신규 구독 모델로 끌어들이기만 하면 된다. 당장 티빙 서비스가 멤버십에 포함되자 기존 이용자들은 tvN 등 CJENM 채널과 JTBC까지 총 39개 방송국의 콘텐츠 6만 5,000편 이상에 대한 시청권을 얻었다.

2021년 한국에서 서비스를 시작하는 디즈니플러스와 네이버의 협업도 유료 멤버십으로 해결할 수 있다. 디즈니의 OTT 서비스인 디즈니플러스는 〈인어공주〉, 〈미녀와 야수〉, 〈라이온 킹〉 등 디즈니를 대표하는 애니메이션을 포함해 마블 시리즈, 스타워즈 시리즈 등 다수 콘텐츠를 보유하고 있다. 이 중 특정 콘텐츠 카테고리만을 선정해 네이버와 제휴를 맺을 수 있다. 예를 들어 아이언맨 시리즈 등을 포함한 마블 시리즈 이용 권리를 네이버 플러스 멤버십에 넣는다고 하면, 디즈니플러스 전체 콘텐츠 중 마블 시리즈에 대한 선호도가 높은 사람들을 네이버로 유치할 수 있다.

네이버판 '로켓배송' 서비스도 유료 멤버십 이용자들이 선택할 수 있는 신규 권리로 제공될 수 있다. 네이버는 CJ대한통운과 24시간 배송체계를 구축하기 위해 노력하고 있는데, 유료 멤버십에서 네이버판 로켓배송 서비스 구독 권한을 주는 것이다.

네이버가 유료 멤버십 가입자에 한해 당일 배송 서비스를 이용할 수 있도록 모델을 만든다면, 이미 가입된 최소 수백만 명의 유료 멤버십 가입자가 잠재적 로켓배송 이용자가 된다. 배송에서의 트래픽을 단시일 내 확보할 수 있다.

구독자만 2,000만 명, 구독의 원조 네이버뉴스

네이버가 2000년대 초반 선보인 대표적인 구독 모델은 언론사 뉴스 제공이었다. 네이버는 언론사에 뉴스 전재료(일종의 뉴스 게재 비용)를 지급하고, 네이버 포털에 기사를 노출하는 '인링크' 방식으로 뉴스를 대중에게 제공했다. 대중들은 국내 메이저 언론사가 제공하는 양질의 뉴스를 네이버 포털 접속만으로 모두 볼 수 있게 되었고, 더 이상 언론사 사이트에서 뉴스를 소비하지 않았다.

이 같은 네이버의 뉴스 제공(뉴스스탠드)이 언론사의 자생력을 없앴다는 비판에 직면하자, 네이버는 언론사 자체적으로 편집권을 부여하는 방식으로 뉴스 전재 방식을 바꿨다. 언론사는 네이버 안에 자신들의 뉴스 채널 공간을 얻었고, 자신들이 네이버 채널에 보여주기 원하는 뉴스를 직접 선택할 수 있게 됐다. 또, 대중들이 뉴스를 누르면 언론사 자체 홈페이지에서 기사가 보이는 형태(아웃링크)로 뉴스가 소비되고 있다.

네이버는 대중이 보고 싶어 하는 언론사를 직접 선택해 구독할 수도 있도록 했다. 언론사 기자 개인별 맞춤형 구독도 가능하다. 네이버 가입자들은 내가 구독한 언론사의 전체 기사, 구독한 기자가 작성한 기사들을 모아볼 수도 있다. 뉴스가 과거 언론사에서 대중에게 전달되는 일방향 방식에서, 이제는 뉴스 소비자인 대중이 원하는 매체를 직접 선택하고 구독할 수 있게 하는 방식인 쌍방향으로 뉴스 소비 트렌드가 바뀐 것이다.

네이버에 따르면 2020년 11월 기준으로 네이버에서 언론사를 구독하는 이용자는 2,000만 명을 넘어섰다. 기자 개인 페이지를 구독하는 이용자만 340만 명에 달한다.

　네이버가 만들어둔 언론사 기자 구독 페이지를 활용해 자신이 쓴 기사를 독자들에게 제공하는 기자 수도 국내 언론사 기준 8,000명을 훌쩍 넘었다. 언론사들은 양질의 뉴스를 이용자들에게 제공하기 위해 언론사 고유의 채널인 언론사 홈을 하루 평균 42.9건 업데이트한다.

　양질의 정보를 모으고, 가짜 뉴스를 없애겠다는 취지에서 네이버는 2021년 언론사와 함께 유료 아티클 구독 서비스를 준비 중이다. 이것은 구독형 지식 플랫폼 서비스 모델이다. 한성숙 네이버 대표는 "현재 제공되는 콘텐츠를 유료로 전환하는 형태로는 성공적 모델이 나올 것 같지 않고, 단순 유료 전환 형태 대신에 결제 수단, 유료 알림 등의 도구와 시스템을 준비하고 있다. 하나의 좋은 성공 사례를 만들고서 더 좋은 모델을 만드는 데 집중하겠다"고 밝혔다. 정보의 정확성이 담보되지 않고, 질 낮은 정보들이 끊임없이 유통되자 메이저 언론사들과 함께 돈을 내고 볼 정도의 수준 높은 아티클을 만들어 보겠다는 것이다. 구독형 지식 플랫폼에는 매일경제를 포함해 조선일보, 중앙일보, 동아일보, 한국경제 등 주요 매체들이 참여한다. 콘텐츠는 주로 주식과 부동산 등 경제·재테크 관련 콘텐츠다.

네이버 구독-유료 멤버십

카카오의 구독 실험,
세상 모든 재화에 구독을 허하라

"띵동, 이모티콘 배달왔어요." 카카오가 내놓은 1호 구독 서비스는 다름 아닌 이모티콘이다.

카카오가 2021년 1월 내놓은 구독 상품 '이모티콘플러스'는 월 4,900원에 무려 15만 개의 이모티콘을 무제한으로 사용할 수 있게 구성됐다. 기존에는 카카오톡 이모티콘 서비스에 하나의 캐릭터 시리즈를 구매하는 방식이었다. 이모티콘 한 개당 가격은 2,500원 수준이다.

하지만 이모티콘플러스 구독 모델에 가입하면 따로 이모티콘을 구매할 필요가 없다. 기존 이모티콘에서 신규 작품까지 제한 없이 이용할 수 있다.

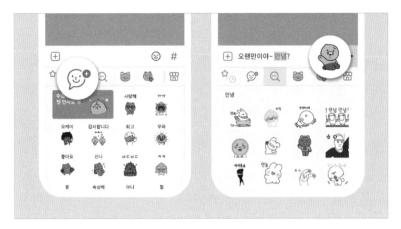

카카오가 2021년 내놓은 이모티콘 유료 구독 서비스 '이모티콘플러스'

이모티콘플러스 기능을 구독하는 이용자들은 카카오톡을 사용하다가 특정 단어를 사용하게 되면, 글자가 파란색으로 바뀐다. 파란색으로 바뀐 단어에 맞는 이모티콘을 카카오가 알아서 추천해주겠다는 것이다. 텍스트만으로 잘 전달되지 않았던 감정들이 무제한 이모티콘으로 채워지면서 대화는 한결 생동감이 넘치게 된다.

—

카카오톡, 무제한 이모티콘·클라우드 서비스 출시

카카오톡은 2021년 매달 돈을 지불하고 이용할 수 있는 유료 구독 상품을 차례로 내놨다. 이모티콘플러스와 더불어 개인용 클라우드 서비스 톡서랍플러스를 출시한 것이다.

톡서랍플러스는 매월 990원에 100GB의 클라우드를 제공한다. 카카오톡 채팅방에서 그동안 나눴던 사진이나 동영상, 파일, 링크 데이터를 한곳에 모아 보관할 수 있도록 한 것이다. 카카오가 업무 전용 메신저 카카오워크를 내놨지만, 대부분 직장인은 여전히 업무를 하면서도 카카오톡을 이용한다. 이때 톡서랍플러스를 사용하면 오랜 시간이 지나도 공유했던 사진과 파일, 링크 등이 사라지지 않기 때문에 업무 중에 나눈 데이터를 다시 확인하는 데 편리하게 사용할 수 있다. 사진이나 파일 등은 모두 카카오톡 전용 클라우드에 저장해 관리되기 때문에 휴대폰의 용량을 차지하는 일도 없다.

특히 톡서랍플러스의 핵심 기능 중 하나인 팀 채팅은 해당 카카오톡 채팅방에 나중에 참여한 멤버도 이전 대화와 미디어를 확인해볼 수 있도록 만들어졌다. 신입사원이나 새로운 팀원이 배치되는 때에도 이전에 공유됐던 파일들을 한 번에 확인할 수 있어서 업무의 연속성이 보장된다.

—

김치냉장고, 안마의자도 카톡으로 구독한다

카카오는 카카오톡 채널을 통해서 2020년 11월부터 상품구독 서비스도 시작했다. 김치냉장고, 가구, 공기청정기 필터 렌털 등 각종 서비스를 포괄한다. 위니아에이드의 딤채 김치냉장고 렌털을 카카오톡에서 처리할 수 있다. 바디프랜드, 아모레퍼시픽, 위닉스, 한샘 등의 렌털·정기배송 상품도 구독된다.

과거에 소비자는 렌털이나 정기배송 서비스를 이용하기 위해서 번거로운 절차를 진행해야 했다. 제품 설명부터 방문 예약, 구매 결정, 계약서 작성 등 오프라인에서만 이뤄지던 복잡한 절차들이다. 예를 들어 김치냉장고 렌털 상품을 이용하려면 먼저 해당 김치냉장고 렌털 서비스를 제공하는 업체의 앱을 다운받아야 한다. 앱에서 관련 상품의 정보를 수집하고, 구매와 관련한 상담을 신청한다. 업체에서는 상품 정보를 설명할 사람을 매칭한 뒤, 방문 예약 날짜를 잡는다. 집에 방문한 사람은 김치 냉장고의 성능을 일일이 소개하고, 김치 냉장고 구매를 설득한다. 고객이 구매를 결정하고 나면 계약서를 직접 작성하는 과정까지 마무리해야 모든 과정이 끝난다.

하지만 카카오톡 채널의 구독 서비스를 이용하면, 특정 브랜드 상품에 관심 있는 이용자는 몇 번의 클릭만으로 관련 과정 전체를 처리할 수 있다. 먼저 브랜드의 카카오톡 채널과 친구를 맺는다. 채널에서 특정 상품의 정리된 정보를 일괄적으로 얻는다. 채널이 제공한 설명에 따라 브랜드 회원가입부터 신용조회, 전자 서명과 계약, 결제까지 간소화된 과정이 한 번에 끝난다. 카카오톡 채널을 친구 추가 해두면 해당 브랜드에서 카카오톡 알림 메시지를 통해 구독 상품에 대한 서비스 정보를 포함한 각종 프로모션 정보를 알려준다.

상품과 서비스를 공급하는 판매자도 구독 관리 플랫폼을 통해 효율적인 관리를 할 수 있다. 카카오는 카카오톡에서 상품구독 서비스를 제공하는 비즈니스 파트너에게 상품 구독 관리 플랫폼SSP, Subscription Service Platform을 제공하기 때문이다.

파트너가 SSP에 상품정보를 등록하면 첫째로 신용등급조회 등 주문 가능 확인, 둘째로 계약서 자동 생성 및 서명 등 전자계약 관리, 마지막으로 과금 및 정산 등 렌털과 정기배송 사업 운영에 필요한 효율적 구독 업무 관리 체계를 갖추게 된다.

카카오는 SSP 플랫폼을 가전제품부터 자동차, 부동산, 콘텐츠 서비스 등 각종 사업 유형에 맞춰 제공하기 위해 준비 중이다. 이를 통해 전통 산업 기반의 기업과 중소상공인, 자영업자에게 디지털 비즈니스 진출 기회를 제공할 수 있다. 카카오가 디지털 비즈니스 생태계를 구축하는 방식이다.

구독 맛보게 한 멜론과 브런치

카카오는 2016년 당시 국내 1위 종합 음악 콘텐츠 사업자인 로엔 엔터테인먼트를 인수하며 음원 스트리밍 시장에 진출했다. 모바일 메신저 회사가 갑작스럽게 스트리밍 음악 회사를 1조 8,700억 원을 들여 인수하는 배경에 모두 물음표를 던졌다. 하지만 당시만 해도 카카오는 고정적인 현금 창출 능력이 부족했고, 월 정기 구독 모델을 성공시킨 멜론을 인수하는 것으로 새로운 성장 동력을 만들 수 있다고 판단했다.

실제로 2016년 2분기부터 로엔엔터테인먼트의 실적이 카카오 회계에 반영됐고, 2016년 카카오 콘텐츠 매출은 전년 대비 157% 상승해 7,018억 원을 기록했다. 영업이익도 함께 늘어나면서 카카오가 다른 분야로 투자할 수 있는 여력도 생겼다. 카카오가 구독을 통한 수익 창출에 눈을 뜨게 된 첫 계기였다.

카카오의 구독 서비스 대표 선수는 또 있다. 콘텐츠 퍼블리싱 플랫폼 브런치다. 네이버에 블로그가 있다면, 카카오에는 브런치가 있다. 카카오는 브런치를 통해서 양질의 아티클 콘텐츠를 구독하는 지식 플랫폼 모델을 성공시켰다. '글이 작품이 되는 공간'이라는 표어를 내건 브런치는 최대한 양질의 콘텐츠를 모으고 발행하는 데 서비스 시작부터 초점을 맞췄다.

브런치 이용자가 작가로 등록하기 위해서는 글 한 편을 올려야 하는데, 카카오의 요건을 갖추지 못한 사람은 작가로 등록되지 못한다. 글쓰기 플랫폼의 수준을 높이기 위한 카카오만의 방식이다. 브런치 작가로 선정되기 위한 핵심 꿀팁을 가르치는 외부 프로그램까지 생겨날 정도. 심사를 거쳐 선정된 브런치 작가들은 현재 약 4만 명이 등록돼 있고, 이들 브런치 작가가 출간한 도서만 3,300권에 달한다. 어렵게 작가로 등록되고 나면, 더 양질의 포스팅을 올리기 위해 자연스레 노력하게 되고, 브런치에는 일정 수준 이상의 글들이 누적되는 효과가 나타난다.

브런치는 책 한 권 출판하고 싶다는 이용자들의 마음을 공략했다.

카카오는 매해 브런치북(브런치 작가들이 스스로 기획하고 완성한 온라인 책) 캠페인을 통해 개인의 출간 프로젝트를 돕는다. 자신이 쓴 글을 묶어서 '브런치북'이라는 온라인 책을 발간하기 전에 작가들은 자신들의 글을 검열하게 된다. 하나의 테마로 일관성 있게 정돈된 글인지 확인하는 것이다. 브런치북 캠페인은 작가들에게 브런치에 발행한 콘텐츠 중에서도 더 높은 수준의 콘텐츠를 스스로 정리해보는 계기를 부여했다.

2019년 문재인 대통령이 청와대 직원들에게 선물해 화제가 된 임홍택 작가의 도서 〈90년생이 온다〉도 브런치북 프로젝트를 통해 세상에 나왔다. 이 밖에도 〈회사 체질이 아니라서요〉, 〈하마터면 열심히 살 뻔했다〉도 브런치북 프로젝트로 출간된 책이다.

2020년 말 진행된 브런치북 출판 프로젝트에 출품된 작품 수는 약 3,700여 편, 전년 대비 약 48% 증가하며 관심도가 더욱 높아졌다. 카카오는 브런치북 중 출판사의 심사를 거쳐 책으로 출간할 가치가 있는 10편의 브런치북을 선정해 출간부터 마케팅까지 모든 과정을 지원한다.

이처럼 카카오는 양질의 정보에 대한 대중의 갈증을 브런치 서비스에서 확인했고, 2021년에 새로운 콘텐츠 구독 플랫폼을 내놓는다. 신규 구독 플랫폼에서 창작자는 콘텐츠를 만들어 발행하면서 제목과 구성, 배치 등을 직접 편집할 수 있다. 창작자의 콘텐츠를 구독하는 플랫폼 이용자는 자신이 구독하는 콘텐츠를 자신의 플랫폼 공간 중

잘 보이는 곳에 배치할 수 있다. 우선순위를 설정하고, 위치를 조정하는 형태로 나만의 화면을 만드는 것이다.

예를 들어 정용진 신세계그룹 부회장은 자신이 오늘 하루 종일 읽은 뉴스 콘텐츠 중 매일경제 홍성용 기자의 뉴스가 제일 마음에 들었다. 그러면 자신의 공간 맨 상단에 해당 뉴스를 걸어둔다. 해당 기사 밑으로 브런치에서 마음에 들었던 콘텐츠 몇 개도 함께 걸어둔다. 플랫폼 이용자들은 정용진 부회장이 오늘 어떤 기사와 아티클을 '픽'했는지 정 부회장의 공간에 방문해 살펴볼 수 있다. 자신이 좋은 콘텐츠를 직접 판별하는 과정에서 더 좋은 양질의 콘텐츠들이 걸러지는 효과도 누릴 수 있다. 콘텐츠 큐레이터로서 힘이 발휘되는 것이다. 카카오가 큐레이터 능력을 십분 발휘하는 이용자에게는 '보상'을 줄 수도 있다. 양질의 콘텐츠 큐레이션과 보상 체계가 상호 작용하며 더 수준 높은 콘텐츠가 살아남을 수 있는 토대를 만든다.

구독은 인플루언서를 만들어내는 창구

구독 모델은 여민수 카카오 공동대표가 오랜 시간 고민해온 모델이다. 여 대표는 2019년 11월 한국미디어경영학회 가을철 정기학술대회 기조강연 '인플루언서, 플랫폼과 기술을 만나다'를 통해서도 구독 모델에 대한 고민을 토로했다.

여 대표는 "월세도 구독이라고 생각한다. 구독경제는 구체적이고 실체가 보인다. 빠르게 확산되지 않을까 기대한다. 구독경제 전에 공유경제가 몇 년 동안 언급됐는데, 공유경제와는 사뭇 다른 것 같다. 구독경제는 좀 더 산업화를 할 준비가 돼 있고, 기존 산업을 유지해 온 시장 플레이어와의 충돌도 덜하다"라고 밝혔다.

구독 모델은 곧 콘텐츠 생산자와 소비자 사이의 직거래라는 설명도 덧붙였다. 그는 "플랫폼과 기술이 제공되면서 브런치처럼 콘텐츠를 생산하는 사람과 소비하는 사람 간의 직거래가 트였다. 콘텐츠와 소비자가 만나는 방식으로 구독이 새롭게 떠올라 콘텐츠의 직접적인 유통에 굉장히 강력한 힘을 발휘하고 있다"라고 강조했다.

그는 특히 "콘텐츠를 만나는 방식이 구독과 굉장히 많이 연결되는 것 같다. 이 부분을 어떻게 활성화할 수 있을까, 콘텐츠 생산자들에게 뭔가 경제적인 모티브를 제공할 수 있는 장치들을 마련하는 게 어떨까 고민하게 된다"라고 부연했다. 여 대표는 미디어를 포함한 기존 산업 일체가 구독경제로 모두 재편될 것으로 전망했다.

구독이 곧 인플루언서가 되도록 하는 과정이라는 설명도 눈에 띈다. "콘텐츠가 엔드유저(최종 수요자)와 직접 유통하는 과정이 굉장히 활발해지고 있다는 게 눈에 띄는 변화이고 이것이 경제적인 모티베이션(동기 부여)과 결합되면 확장 가능하다. 이를 다 묶으면 인플루언서가 되는 것이다. 어떤 주제에 관점을 갖고 글을 정리했을 때 영향력이 될 수 있고, 특정 상품 소개를 굉장히 맛깔나게 해서 많은 이들에게 알려지면 그것도 영향력이다. 기사뿐 아니라 상품이나 비즈니스 모델 등 일상의 모든 분야 콘텐츠가 인플루언서의 대상이 되는 시대에 접어들었다"고 말했다.

　구독경제로 침체돼 있는 내수 시장 활성화를 도모할 수 있다고도 했다. 여 대표는 "구독경제는 좋지 않은 내수 시장을 활성화하는 수단이 될 수도 있다. 콘텐츠든 제품이든 플랫폼 관점에서 보면 모든 것이 구독화로 가고 있다. 현대기아차, 포르쉐 등 소비자가 특정 비용을 내면 자동차도 골라 탈 수 있는 시대다. 소비를 잘게, 취향껏 쪼개는 것이다. 모든 게 구독이 가능하다"라고 말했다.

↳ 카카오 구독 - 상품·서비스 구독

네이버와 카카오가
'구독'에 목매는 이유

2021년, 전 세계 콘텐츠·쇼핑 빅테크 기업의 전쟁터가 되는 나라가 있다. 다름 아닌 한국이다. 2020년 콘텐츠 공룡 넷플릭스는 한국에 밀고 들어와 자리를 틀었다. 2020년 한 해에만 넷플릭스의 국내 유료 구독자는 330만 명이 늘었다. 넷플릭스의 2020년 매출 중 가장 큰 부분을 차지한 것은 바로 한국과 일본에서 늘어난 고객이 낸 유료 구독료다.

게다가 전 세계 구독자만 8,680만 명을 보유한 콘텐츠 끝판왕인 디즈니의 OTT 서비스 디즈니플러스도 2021년 한국에서 서비스를 시작한다. SK그룹과 협업하는 아마존도 11번가를 통해 한국에 연착륙을 노린다. 전 세계 최대 동영상 업체 유튜브는 이미 한국인이 가

디즈니의 OTT 플랫폼 디즈니플러스가 서비스하는 주요 오리지널 콘텐츠

장 많이 사용하는 앱 순위 1위로 떠오른 지 오래다. 우리나라 국민 83%가 한 달에 평균 30시간을 유튜브 시청에 사용하고 있다.

넷플릭스부터 디즈니플러스, 아마존, 유튜브 등 전 세계 빅테크 기업이 한국 고객들의 구독을 목말라하면서 국내 양대 인터넷 기업에도 비상이 걸렸다. 네이버와 카카오는 전면전이 벌어지기 직전의 상황에서 한발 일찍 구독 시장을 선점하겠다는 의지가 크다. 쇼핑과 OTT를 하나로 묶어 서비스하고, 구독경제 서비스 모델을 본격적으로 확장하면서 거대 빅테크 기업이 상륙하기 전에 소비자와 공급자를 잇는 가교 역할을 하겠다는 것이다.

전 세계 록인 서비스가 한국으로 몰려온다

2020년 한국 시장에 들어와 펜데믹 특수를 누린 넷플릭스는 네이버와 카카오의 자극제가 됐다. 넷플릭스는 2020년 한 해 동안 전 세계에서 27조 원을 벌어들였다. 유료 구독 계정 수도 전 세계 190여 개국에서 사상 처음 2억 개를 돌파했다. 지역별로 보면, 한국이 포함된 아시아·태평양APAC 지역에서 2020년 말 기준 넷플릭스 유료 구독 계정 수는 2,549만 개로 집계됐다. 전년 같은 기간과 비교하면 57.1%나 늘어났다. 애플리케이션·리테일 분석 서비스 와이즈앱 집계를 보면, 2020년 한국에서 넷플릭스의 연간 결제금액은 5,173억 원으로 2019년(2,483억 원)보다 두 배 이상 늘어났다. 넷플릭스는 국내 매출·유료 계정 수를 별도로 공개하진 않지만, 업계에서는 넷플릭스가 2020년 한국에서 5,000억 원 이상의 매출을 올린 것으로 추산한다.

미국 최대 콘텐츠 제작사 월트 디즈니 컴퍼니가 서비스하는 디즈니플러스도 무서운 경쟁자다. 2019년 출시 후 9개월여 만에 유료 구독자 6,050만 명을 돌파했다. 디즈니, 마블, 픽사, 21세기폭스, 내셔널지오그래픽 등 디즈니플러스만의 오리지널 콘텐츠로 강력한 콘텐츠 파워를 과시하고 있다.

'세상의 모든 것을 판매한다'는 아마존은 공격적인 시장 확대 전략으로 악명이 높다. 특정 시장에 아마존이 진출하면 고객과 영업이익을 모두 아마존에 빼앗긴다고 해서 '아마존당하다'라는 말도 통용된다. 아마존은 한국 시장에 직접 진출하는 대신 11번가를 통한 우회 진출 전략을 택했다. 아마존은 SK텔레콤의 오픈마켓 11번가에 3,000억 원 규모의 지분을 투자한다. 11번가는 아마존 상품을 직접 구매할 수 있는 서비스를 제공하면서 직구라는 차별화 포인트를 내세울 것으로 보인다.

네이버와 카카오는 이 같은 상황에서 단연 구독 모델을 서비스할 수밖에 없다. 이유는 두 가지다. 첫째로 구독 서비스를 통해 고객을 자사 서비스에 묶어두면 안정적인 수익 모델을 확보할 수 있다.

네이버와 카카오는 그동안 주로 무료 서비스를 제공해 트래픽을 만들고 이후에 광고를 붙이거나, 결제 수수료를 부과하거나, 콘텐츠 구매 비용을 정산하는 방식으로 수익을 만들어왔다. 때문에 신규 서비스를 내놓으면 먼저 서비스 이용률을 높이기 위한 인위적인 노력이 필요했다.

하지만 구독 모델은 얘기가 달라진다. 구독형 서비스는 패키지 서비스 안에 포함된 다양한 기타 서비스 중에 단 하나라도 장점이 있다면 이용할 수밖에 없도록 만든다. 특별히 본인이 사용하지 않았던 음원 서비스라고 해도 쇼핑을 이용하기 위한 목적으로 유료 멤버십에 가입하고 나면 음원 서비스는 자연스레 이용하게 된다. 소비자 입장에서는 내가 원래 쓰는 서비스 하나에 덤으로 두세 개 얹어 받는다는 느낌이 든다. 유료 멤버십을 쓰기 전에는 별도의 가입 절차가 필요한 서비스였지만, 유료 멤버십을 쓰기만 하면 별도의 힘을 기울이지 않아도 도달 가능한 서비스로 바뀐다. 특히 기업들은 월 구독 결제 방식을 가장 많이 선택하는데, 이때 구독은 한번 시작하면 특별한 일이 없는 한 이탈이 적다.

예를 들어 네이버 플러스 멤버십에 가입하면 네이버의 음원 서비스인 바이브에 대한 접근성이 높아진다. 바이브는 음원 플랫폼 시장에 뒤늦게 진출해 멜론이나 벅스, 플로 등 기타 음원 서비스 플랫폼을 통해 소비자들에게 뒷전에 놓인 게 사실이었다. 하지만 네이버의 유료 멤버십으로 가입한 이상 바이브 서비스에 대한 거부감은 줄어든다. 게다가 바이브 서비스를 이용하다 보면 바이브만의 '인공지능 DJ' 등 개인화된 음악 청취 경험에 매료될 가능성도 있다.

둘째로 구독형 렌털 서비스를 통해 렌털 업체들을 다수 컨택하는 것만으로도 광고 시장의 매출이 확대되는 이중 효과를 누릴 수 있다. 예를 들어 카카오는 렌털 기업들에 카카오만의 상품 구독 관리 플랫폼SSP을 제공하면서 플랫폼 역할로 자리한다. 기업들은 자사 상품을 체계적으로 관리한다.

이때 카카오는 구독 플랫폼을 이용하는 기업에 카카오톡 비즈 광고 상품 등을 제안하며 광고를 따낼 수 있다. 게다가 구독 관리 플랫폼에서 얻게 되는 양질의 고객 관련 결제 데이터도 확보할 수 있다. 성별, 연령, 구매패턴 등 각종 구독 정보와 관련한 데이터는 여러 데이터 중에서도 가장 양질로 꼽힌다. 이 데이터를 기반으로 카카오의 광고상품을 체계화할 수 있고, 인공지능 고도화에도 활용할 수 있다.

나날이 성장하는 구독경제

구독경제는 전 세계적으로 빠르게 성장 중이다. 한국무역협회 국제무역통상연구원이 발표한 보고서 〈글로벌 구독경제 현황과 우리 기업의 비즈니스 전략〉에 따르면 전 세계 구독 기반 이커머스 시장 규모가 2018년 15조 원(132억 달러)에서 연평균 68%씩 성장해 2025년에는 542조 원(4,782억 달러)에 이를 것으로 추측한다. 대표적 구독 서비스인 아마존 프라임의 가입자도 2015년 5,400만 명에서 2019년 1억 1,200만 명으로 두 배 이상 늘었다. 이에 비해 한국은 여전히 구독경제가 덜 발달된 나라다. KT경제경영연구소는 국내 구독 서비스 시장 규모에 대해 2016년 26조 원, 2018년 32조 원, 2020년 40조 원으로 추정했다.

소비자들의 구독경제에 대한 이해도가 높아지는 것도 주목할 만하다. 2020년 4월 신한은행이 펴낸 〈2020 보통사람 금융생활 보고서〉에 따르면 2030세대 소비자의 29.9%가 정기배송(구독 서비스)을 이용하고 있는 것으로 나타났다. 40대 소비자는 24.1%, 5060세대 소비자는 21.7%가 하나 이상의 구독 서비스를 이용한다. 연령대와 무관하게 고른 이용률을 보이는 것은 구독경제에 대한 진입장벽이 낮아졌다는 의미다. 신한은행은 이 보고서에서 "개인의 생활패턴과

취향을 고려한 맞춤형 큐레이션 서비스에 대한 이용 욕구가 높게 나타났다"고 분석했다.

이처럼 구독 시장이 커지는 트렌드에서 해외 빅테크 기업들은 자사의 상품이나 서비스 판매 형태를 구독 중심으로 탈바꿈하는 작업에 몰두하고 있다.

애플은 애플 뮤직, 애플 TV, 애플 팟캐스트 등 각종 구독형 서비스를 강화하고 있다. 2020년 9월 정식 공개한 통합형 구독 서비스 애플 원Apple One은 구독 모델의 완성판이다. 애플 원은 그동안 따로따로 구독해야 했던 아이클라우드, 애플 뮤직, 애플 TV+, 애플 아케이드, 애플 뉴스+, 애플 피트니스+ 등 6대 서비스를 한데 묶어 보다 저렴한 가격에 이용할 수 있도록 했다.

구글이 2021년 6월부터 그동안 무료로만 서비스하던 '구글 포토'를 유료로 전환하는 것도 시사하는 바가 크다. 무료 기반으로 트래픽을 만들어서 고객들을 일단 묶어두기만 하면, 언제든 유료 구독 모델로 전환해 수익을 만들어낼 수 있다는 상징적인 장면이기 때문이다. 2015년 출시된 구글 포토는 스마트폰 등 기기에 저장된 사진과 영상을 구글의 클라우드에 저장하는 서비스다. 구글은 그동안 무료 서비스인 구글 포토 위에 이용자들의 사진을 무제한 저장할 수 있도록 하면서 구글의 서비스에 고객들을 묶어뒀다. 용량이 수십 메가바이트MB 이상인 고화질 사진을 구글 클라우드에 손쉽게 보관할 수 있다는 점 때문에 폭발적인 인기를 끌었다. 현재 구글 포토의 월간 사용자는

10억 명에 달한다. 구글의 다른 서비스도 10억 명이 넘는 사용자가 많지만, 구글 포토의 이용자 증가 속도가 가장 빨랐다. 10억 명의 이용자들은 유료 전환 이후에도 구글 포토 서비스를 이용할 가능성이 크다.

소통형 메신저의 대표 주자로 전 세계 1억 8,700만 명의 일일 활성이용자 수를 보유한 트위터도 2021년 구독 서비스 슈퍼 팔로우스Super Follows를 도입한다. 슈퍼 팔로우스는 이용자가 트위터 인플루언서에게 월 구독료를 내고 여러 콘텐츠를 제공받는 신개념 서비스다. 기존에 140자(한국어 기준) 글자로 소통하는 플랫폼에서 음성과 영상, 뉴스레터 등 다양한 툴을 활용해 대화할 수 있게 하겠다는 것이다.

예를 들어 트위터 이용자가 슈퍼 팔로우스 서비스에 가입해 전 세계 최고 인플루언서인 방탄소년단을 구독한다고 가정해보자. 방탄소년단이 선보이는 뉴스레터를 포함해 실시간 라이브 방송 등 영상 콘텐츠, 댓글로 소통 등 각종 혜택을 누릴 수 있게 되는 것이다. 꼭 대중 스타가 아니어도 된다. 인플루언서나 크리에이터가 글 이외의 다양한 툴로 더 좋은 콘텐츠를 만들면서 대중과 소통할 수 있는 동기가 부여될 것이라는 게 트위터의 설명이다.

글로 회귀하는 시대, Z세대를 공략하자

네이버와 카카오가 각각 지식 플랫폼을 키우겠다고 밝힌 이유는 MZ세대를 공략하기 위해서다. MZ세대를 향한 대표적인 편견은 이들 세대가 영상 콘텐츠에만 익숙하고, 글을 베이스로 한 콘텐츠를 멀리한다는 것이다.

하지만 MZ세대는 인터넷에 범람하는 수억 개의 콘텐츠에서 양질의 지식과 정보를 걸러 취하는 노력에 관심이 많다. 수준 높은 콘텐츠로 공부해야 살아남는다는 것도 알고 있다. 본인이 스스로 메일 주소를 입력해 구독 정보를 입력해야만 정보를 받아볼 수 있는 구독형 뉴스레터 서비스가 발달하는 이유도 MZ세대만의 정보 취합 노력의 결과다. 2020년 블로그 창작자 중 35%에 가까운 숫자가 20대가 차지했다는 통계를 통해서도 MZ세대가 영상 아닌 글 기반 아티클 콘텐츠에 관심이 크다는 것이 증명되고 있다.

먼저 이메일 기반 뉴스레터 서비스가 흥행하는 이유는 일대일 소통 수단인 이메일 고유의 특성이 MZ세대를 사로잡았다는 의미다. 뉴스레터는 직접 내가 구독하겠다고 의지를 갖고, 내 이메일 정보를 입력해야 구독이 된다. 콘텐츠 소비의 주도권이 나에게 달려 있다. 소셜미디어와 커뮤니티를 통해 불특정 다수에게 뿌려지는 질 낮은 아티클에 대한 피로감이 극에 달하기도 했다. 소비자의 경험이 피드 중심에서 구독 중심으로 바뀌는 지점을 뉴스레터가 파고들었다. 미디어 스타트업 뉴닉은 2030세대의 구독 열망을 제대로 공략했다. 뉴닉은 각종 시사 이슈를 2030세대들이 좋아할 만한 문체와 어법으로 풀어낸다. 2018년 12월 서비스를 시작해 2년여 만에 뉴니커라 칭하는 구독자가 28만 명을 넘었다. 뉴닉은 무료 기반 뉴스레터이다. 하지만 MZ세대는 뉴닉의 콘텐츠와 제휴 상품에 언제든 돈을 지불할 의향이 있다고 한다.

철 지난 서비스로만 느껴졌던 네이버 블로그도 요새 다시 뜨고 있다. 네이버 블로그는 사실 인터넷 기록 콘텐츠의 살아 있는 역사다. 2003년 서비스 개시 이후 2020년까지 개설된 블로그만 2,800만 개다. 대한민국 인구 절반이 사용한 수준이다. 이 기간 동안 게시된 글 수만 총 21억 4,300만 개다. 현재도 1초당 7건, 하루 100만 건의 글이 게시된다.

2020년에는 특히 MZ세대의 블로그 창작이 전체 35%를 차지할 정도로 블로그 서비스에 대한 관심도가 컸다. 네이버 블로그 콘텐츠 수는 2020년에 전년 대비 28% 증가한 2억 2,000만 건으로 역대 최대치를 기록했다. 월평균 창작자 수는 전년 대비 13% 늘었고 블로그를 접었다가 다시 시작한 이용자도 150만 명에 달했다. 네이버 블로그 담당자는 한 인터뷰에서 "MZ세대에게는 긴 호흡의 블로그가 새로운 문화다. 광고·보상을 떠나 진솔하게 자기 하루를 정리하고자 블로그를 찾는 MZ세대가 늘고 있다"고 밝혔다.

지식플랫폼이 흥행할 것으로 예측되는 또 다른 근거는 최근 탈잉,

클래스101 등 재능공유 플랫폼 이용자가 부쩍 늘어난 것에서도 살펴볼 수 있다. 탈잉은 월평균 1만 5,000명이 이용할 정도로 성장했고, 과외 등 전문가 매칭 사이트 숨고도 출시 2년 만에 누적 이용 1,000만 건을 달성했다. 잡코리아와 알바몬이 성인남녀 785명을 대상으로 실시한 설문조사에서는 2030세대 중 65%가 "나는 업글인간이다"라고 응답했다. 업글인간은 취미부터 지적 성장까지 자기계발에 기꺼이 투자하는 것이 특징이다.

구독경제는
정말로 돈이 된다

구독경제라는 용어는 미국의 솔루션 기업 주오라의 창립자 티엔 추오Tien Tzuo가 처음 사용했다. 주오라는 기업용 결제 시스템과 소프트웨어를 다루는 스타트업이다. 2007년 미국 실리콘밸리에 설립된 지 10년 만에 기업가치 1조 원이 넘는 유니콘으로 성장했다. 주오라는 현재 자동차 회사 포드, 가전 회사 GE, 언론사 파이낸셜타임스 등 영역을 불문하고 구독 비즈니스를 하는 1,000여 개 기업에 클라우드 기반 결제 시스템과 정산 솔루션 등을 제공한다.

추오 대표는 단순한 제품 판매가 아닌, 서비스를 통해 반복적인 매출을 만들기 위해서는 고객을 기존의 구매자에서 구독자로 전환해야 한다고 강조한다. 그는 앞으로의 미래는 물건에 대한 소유권이 사용권으로 전환되는 시기가 될 것이라고 보고 있다. 소비자가 자신이 사용하고 싶은 물건을 구매하는 것보다, 그 제품을 사용할 권리를 구매하는 쪽으로 방향을 바꿀 것이라는 얘기다. 추오 대표는 2019년 미국 샌프란시스코에서 열린 구독경제 강연에서 자신의 언더아머 신발에 부착된 센서를 보여주며 "오늘 529㎉를 소비했다. 앞으로 모든 제품은 구독할 수 있고, 이처럼 인터넷에 연결돼 데이터를 생산할 것이고 고객과의 상호작용을 유도하는 형태가 된다. 수많은 구독경제가 창조될 것이다"라고 밝혔다.

구독경제 유형 - 콘텐츠 구독, 제품 정기 배송, 렌털

구독경제의 모델은 크게 세 가지다. 콘텐츠 구독과 제품 정기 배송, 렌털 모델 등 3가지 유형이다. 온라인 IT 아웃소싱 플랫폼 위시켓 데이터를 통해서도 확인할 수 있는데, 2020년 전체 구독경제 서비스 유형의 비율은 콘텐츠 구독(68.8%), 제품 정기 배송(25%), 렌털(6.2%) 순이었다.

구체적으로 매월 구독료를 납부하면 무제한으로 영상과 지식 콘텐츠를 이용할 수 있는 넷플릭스 모델, 집으로 꽃이나 주류 등이 배송되는 구독박스 모델, 자동차나 침대 매트리스 등 품목을 바꿔가며 이용 가능한 렌털 모델 등 3가지다.

첫째로 매월 일정액을 지불하면 상품이나 서비스를 무제한으로 이용 가능한 넷플릭스 모델이다. 대표적인 상품은 넷플릭스와 웨이브, 왓챠, 티빙, 멜론 등의 콘텐츠 서비스다. 리디북스나 밀리의서재와 같은 전자책 서비스 회사들도 월 9,900원만 내면 원하는 책을 마음껏 골라 읽을 수 있도록 했다.

둘째로 셔츠, 면도날, 꽃, 반찬, 양말 등 생필품을 정기적으로 배송해주는 구독박스 모델이다. 월 3만 원에 전문적인 플로리스트가 제작한 꽃다발을 2주마다 배송해 주는 꾸까, 월 5~7만 원이면 매주 셔츠 3~5장을 렌털해주는 위클리셔츠가 예다. 매월 자신에게 맞는 영양제를 보내주는 모노랩스 서비스도 있다.

셋째로 구독료를 납부하면 품목을 바꿔가며 이용이 가능한 렌털 모델이다. 이 모델은 빌려 쓰고 반납할 수 있다. 티엔 추오 대표가 강조하던 신정한 의미에서 경험 차원의 모델이다. 렌털 모델은 비싼 가격 때문에 가격 저항이 있는 상품이거나, 주기적으로 교체가 필요한 상품에 도입하기 좋다. 차량공유 플랫폼 쏘카의 쏘카패스는 대표적인 렌털 구독 상품이다. 쏘카패스는 구독료에 따라 할인 쿠폰을 적용해 차량을 빌려 탈 수 있는 서비스다. 매월 일정 금액만 내면 특정 쏘카 차량의 대여료를 최대 절반까지 할인받거나, 신차종 시승권을 제공받는 식의 각종 혜택이 제공된다. 이 밖에도 3개월에 한 번씩 월 구독료를 지불하면 미술 작품을 정기 렌털해주는 '오픈갤러리', 침대 매트리스 렌털 서비스 '코웨이'도 대표적인 렌털 구독의 사례다.

대기업과 스타트업 모두가 뛰어드는 구독

국내 대기업과 스타트업은 너 나 할 것 없이 구독 상품을 시장에 내놓고 있다.

대기업에서는 현대차가 구독 모델을 내놨다. 현대차는 제네시스 스펙트럼이라는 구독 차량 서비스를 제공하고 있는데, 100만 원대 구독료에 G70, G80, G90 등 제네시스 차량을 원하는 색상으로 고르고 바꿔 탈 수 있도록 했다. 자동차라는 고가 제품에 대한 접근성을 높이면서도 다양한 선택권을 제공하며 소비자 이용도를 높였다.

롯데제과의 과자 구독 서비스도 인기다. '월간 과자'는 롯데제과가 임의로 선정한 과자를 매월 정기적으로 배송받을 수 있는 구독 서비스다. 2020년 6월 첫선을 보인 이 서비스는 오픈 3시간 만에 완판됐다. 폭발적인 인기에 롯데제과는 구독 서비스 종류를 금액에 따라 1만 원 이상 가격대와 1만 원 미만 가격대로 이원화했는데, 이 서비스도 일주일이 지나지 않아 동이 났다.

스타트업들도 1인 가구 증가와 비대면 트렌드에 맞춰 각각의 구독 서비스를 내놓고 시장의 평가를 받고 있다. 모노랩스는 인공지능이 추천하는 건강기능식품을 구독할 수 있는 서비스 아이엠을 운영한다. 정해진 매장이나 약국을 방문해 상담이 이뤄지면 맞춤형 영양제를 집으로 배달하는 것이다. 비타민부터 칼슘, 마그네슘, 아연, 밀크시슬, 테아닌, 히알루론산까지 종류만 21종에 달한다. 월 단위로 구

현대자동차 차량 구독 서비스 '현대 셀렉션'

독을 연장을 할 수 있고, 웹사이트에서는 영양제를 제대로 섭취하고 있는지 영양제 섭취 날짜도 기록할 수 있도록 해 구독자들의 록인 효과를 높였다.

　레이지소사이어티는 면도날 구독 서비스를 운영한다. 서비스 구독을 신청하면 매월 일정 개수의 면도날이 집에 배송된다. 사용주기와 면도날 개수는 사용자에게 맞춤형으로 세부 조정된다. 자체 개발한 애프터셰이빙 로션, 토너, 프리셰이브 클렌저, 셰이빙 젤 등 셰이빙 제품도 정기 구독할 수 있다.

　샐러드 구독 서비스 스윗밸런스도 있다. 채식 샐러드, 데일리 샐러드, 식단 관리 정기배송 샐러드 등 다양한 테마의 샐러드가 있다. 자신이 원하는 대로 샐러드를 조합할 수도 있다. 2주와 4주 단위로 배송받을 수 있는데, 새벽 배송과 함께 원하는 요일에 배송해주는 시스템도 갖췄다.

더식스데이의 월간펫띵은 매달 필요한 반려동물 전용 용품을 직접 골라 받는 반려동물용품 구독 서비스다. 사료와 간식, 장난감, 소모품 등을 구독할 수 있다.

구독은 소비자·공급자 모두에게 윈윈

물건에 대한 개념이 소유에서 이용으로 바뀌는 구독경제는 소비자와 공급자 모두에게 도움이 된다. 먼저 소비자 입장에서는 구독경제가 한계비용의 관점에서 사용한 만큼 지불하는 더욱 현명한 소비가 됐다. 경험이 가능한 재화나 콘텐츠가 풍부해지면서 실용적 소비를 추구하는 입장에서는 구매보다 구독 모델을 선택할 가능성이 크다. 제한된 자원과 비용으로 최대한의 만족을 얻는 형태가 구독이기 때문이다.

더구나 소비자가 구독으로 소비 모델을 바꾸면 물건을 선택할 때 고민의 부담도 줄어든다. 물건을 구매할 때는 물건이 필요한 이유와 색깔, 가격 등 고려할 요소가 많다. 제품을 끊임없이 비교 분석하는 것만으로 소비자는 에너지를 쓸요도 한다. 히기만 구독하는 상품들은 이 같은 에너지 소비를 줄인다. 공급자가 직접 우수한 상품을 선정하고 배송해주기 때문에 시간과 수고를 절감할 수 있다. 단품으로 서비스를 누리는 것에 비해 다양한 제품을 경험하거나 소비할 수 있다는 장점도 있다. 예를 들어 화장품 구독은 자신의 피부 타입에 맞는 특정 제품을 한 번 선택하면 다른 제품으로 넘어가는 유인이 적다. 소비자는 화장품 이용 주기에 맞춰 같은 제품을 배송해주는 것만으로도 물건을 매번 찾아서 주문하는 번거로움을 줄일 수 있다.

반면 기업 입장에서는 구독 서비스를 안착시키면, 단품 구매를 위한 개별 마케팅을 하지 않아도 된다는 점에서 안정적인 수입을 확보할 수 있다. 새로운 고객 확보에 어려움을 겪는 기업들 입장에서는 멤버십을 통해 기존 고객과의 관계를 재정립하고 강화할 수도 있다.

공급자는 고객의 초기 이탈을 막기 위해서 일정 기간 무료 체험 기간 서비스로 소비자를 유인하거나, 단품 구매 가격보다 상대적으로 낮은 가격에 서비스를 제공하면서 서비스에 대한 반응을 살펴야 한다.

이때 적정한 가격 책정과 관련한 가격 선택권이 중요하다. 일시불로 판매하던 제품을 정액으로 나눠 받기 때문에 구독 비율이 높아질 때까지 일정 기간 동안은 수익이 상대적으로 낮을 수밖에 없는 상황도 고려해야 할 부분이다.

하지만 구독 비즈니스의 성공 요건 중 가장 중요한 것은 첫째도, 둘째도 충성도 높은 고객을 확보하는 것임을 잊지 말아야 한다. 이때 구독을 확보하는 것만큼이나 중요한 것은 구독 이탈을 줄이는 일이다. 구독자를 관리하는 관리의 영역이 반드시 뒷받침돼야 한다. 핵심은 고객이 해당 생태계에 들어가지 못했을 경우 반드시 어려움을 겪어야 하는 서비스여야 한다는 것이다. 없어도 되는 서비스가 되고 있다고 여겨진다면, 고객의 욕구와 최신 트렌드를 감안해 서비스를 주기적으로 업데이트해야 한다. 신규 고객별 맞춤 서비스를 제공할 수 있도록 하는 개인화 전략도 동반해야 함은 물론이다.

예를 들어 전통주를 매달 골라서 제공받는 서비스인데, 같은 패턴의 전통주 공급이 주기적으로 반복된다면 신선함을 느끼지 못한 고객은 곧장 구독을 취소할 수 있다. 때문에 공급자는 매달 골라 보내는 전통주를 개인별 맞춤형으로 리스트업해 매달 새로운 전통주를 추천할 수 있어야 한다. 추천 상품 중에 특정 상품이 고객의 맘에 들면 곧바로 다음번 배송 목록에 들어갈 수 있도록 데이터를 정리해놔야 한다. 고객별 사용 패턴에 따라 데이터를 쌓아 가면 상품 개선에 해당 데이터를 다시 활용할 수 있다.

구독 서비스 전반의 각종 변수도 철저히 감안해야 한다. 렌털 서비스만 해도 고객 사용에 의해 제품이 파손되거나 노후화될 수 있다. 제품의 감가상각과 수리비용 등 변수까지 사업 계획 단계에서 전망할 수 있어야 제대로 된 구독 서비스가 가능해진다.

구독경제 확장의 해, 정부도 나선다

2021년은 구독경제 확장의 해다. 정부 차원의 움직임도 활발하다. 심지어 전통 시장에서도 구독경제 움직임이 일고 있다.

먼저 기획재정부는 중소기업이 온라인 중심 유통 트렌드 변화에 대응할 수 있도록 구독경제 지원 방침을 밝혔다. 홍남기 기획재정부 장관은 2020년 2월 10일 열린 비상경제 중앙대책본부 회의에서 "중소기업의 구독경제 진출을 위해 오는 2023년까지 매년 50개씩 구독경제 적합 제품을 발굴해 지원하겠다. 중소기업의 경우 B2B 거래 비중이 큰 점을 고려해 기존 판로 지원 온라인 플랫폼에 B2B 전용 몰을 구축하고, 2022년부터 2024년까지 3년간 약 6,000개 제품 판매를 지원하겠다"고 밝혔다. 그는 이어 "공공 플랫폼과 민간 온라인 쇼핑몰의 제휴를 최대 30개까지 확대하고, 중소기업의 공동 애프터서비스를 올해 550개사까지 지원해 온라인 판매를 확대하겠다"고 덧붙였다.

전통 시장에서도 구독경제 움직임이 일고 있다. 박영선 전 중소벤처기업부 장관은 서울 양천구 신영시장을 찾아서 "21분 안에 모든 것이 각 가정에 배달되는 새로운 소상공인 시스템이 구독경제"라고 설명했다.

박 전 장관은 시장 내 구독경제 시스템을 만든다면 판매하는 음식, 꽃, 세탁, 반찬, 신발, 양복 등을 가정에서 월정액을 내고 배달받을 수 있다고 강조했다. 그는 "서울은 1인 가구가 증가하고 배송 시스템 발달 등 온라인 연결이 잘 돼 있어 구독경제 생태계를 만들면 코로나19 등 재난이 닥쳐도 고정적으로 안정적 수입원을 확보할 수 있다"고 강조했다.

인공지능,
국내 양대 빅테크가 가져올 미래

네이버 vs 카카오

네이버가 꿈꾸는
로봇의 미래

회사에 처음 방문한 사람이 경영지원실 박 과장을 만나러 가야 한다. 호출 버튼을 눌렀더니 자율주행 로봇이 내 앞에 선다. 박 과장의 사무실까지 자율주행 로봇이 에스코트를 해준다. 회사 4층에서 회의를 하다가 커피를 마시고 싶다. 1층에 있는 카페까지 엘리베이터를 타고 갔다 오기엔 시간이 촉박하다. 호출 버튼을 누르고, 커피 수를 체크했다. 자율주행 로봇이 커피를 배달한다.

네이버의 두 번째 사옥에서 펼쳐질 일이다. 네이버는 인공지능과 클라우드, 로봇 기술을 모두 한데 모은 완전체 시스템을 로봇 사옥 전체에 상용화하는 시스템으로 문을 연다. 네이버의 로봇 사업을 총괄하는 곳은 네이버의 연구 전문 법인 네이버랩스다. 네이버랩스는

네이버 제2사옥에 도입되는 네이버의 실내용 로봇 '어라운드 C'

네이버의 로봇 자회사다. 석상옥 네이버랩스 대표는 2020년 11월 말 열린 네이버의 연례 개발자 행사 '데뷰DEVIEW 2020' 키노트 스피치에서 다가올 로봇 미래에 대해 설명했다. 그는 "여러 개의 로봇이 동시에 똑똑해질 수 있도록 하는 네이버만의 기술 아크ARC로 제2사옥에서부터 로봇 서비스 상용화를 시작할 것"이라고 말했다.

두뇌 없는 로봇을 클라우드로 관리한다

ARC란 인공지능과 로봇, 클라우드의 앞 글자를 딴 단어다. 즉 다양한 로봇을 한 번에 관리할 수 있도록 하는 클라우드 기반 시스템이다. 네이버는 ARC의 성공이 곧 로봇의 대중화를 이끌 것이라고 보고 있다. 특히 여기에서의 로봇은 두뇌가 없다. 두뇌가 없어도 클라우드 상에서 띄워져 있는 시스템으로 로봇을 대량생산하도록 하는 시스템 이다. 기존의 로봇은 로봇마다 고가 센서와 자체 두뇌를 탑재해야 한 다는 점에서 무겁고 값이 비쌌다. 하지만 네이버는 두뇌가 없어도 되 는 브레인리스 로봇 기술을 개발했다. 석 대표는 "초저지연 5G 네트 워크로 클라우드에 연결함으로써 수많은 로봇이 동시에 똑똑해질 수 있다. 기술을 활용하면 로봇 자체의 제작비와 배터리 소모를 줄여 로 봇 대중화에 기여하게 될 것"이라고 밝혔다.

ARC 시스템은 그동안 네이버가 개발한 모든 기술의 총체다. 네 이버랩스는 '프로젝트 1784'라는 이름으로 신사옥 설계 단계부터 네 이버 안의 모든 기술 부서를 사옥 건설에 참여시켰다. 심층 강화학습 기반 로봇 자율주행, 네이버클라우드 플랫폼과 연동된 5G 브레인리 스 로봇 기술, 0.1초 수준의 얼굴인식 기술, 로봇 전용로 및 센서 시 스템 등 빌딩 인프라, 컴퓨터 비전 및 딥러닝 기술 등 네이버가 가진 모든 기술을 총망라했다.

대표적인 예가 실내주행 로봇이다. 위성항법장치GPS가 통하지 않 는 실내에서 로봇은 사진 한 장만 가지고도 현재 위치를 확인한다. 자율주행 기술로 로봇은 수백 명이 지나가는 길에서도 사람들과 부 딪지 않고 제 갈 길을 찾아갈 수 있다.

네이버의 실내 자율주행 로봇 시리즈 이름은 어라운드다. 이미 실 제 공간에서 다양한 목적으로 사람에게 서비스를 제공하는 실내 자율주행 로봇 시리즈 라인업을 갖추고 있다. 어라운드B는 서점에서 책을 운반하도록 설계됐다. 어라운드G는 공항이나 대형 쇼핑몰에서 길을 안내하는 로봇이다. 어라운드C는 카페 배달용으로 특화돼 있고, 택배 배달 등 목적으로 활용할 수 있는 어라운드D까지 선보였다. 이 중 어라운드C와 D는 로봇 친화형 빌딩 제2사옥에 도입될 계획이다.

네이버는 '로봇이 사람에게 위협을 가하면 안 된다'라는 대전제를 프로그래밍했다. 때문에 사람에게 물리적 위해를 가하지 않도록 했고, 특이 상황이 발생하면 즉시 멈춰야 한다. 자율주행으로 움직일 때는 위급상황을 최소화하는 방향으로 돌아다니도록 해야 한다. 인간이 로봇의 움직임을 예측할 수 있어야 하고, 경제적인 속도와 경로로 움직이는 것도 중요하다고 봤다. 디자인도 친근하게 만들어 거부감이 없도록 했다.

네이버의 미래 기술 핵심은 클로바

네이버의 미래 기술은 로봇 파트 이외에 인공지능 파트가 있다. 네이버는 자회사 네이버클라우드 밑으로 인공지능 관련 사업을 모두 모았다. 네이버는 인공지능 기술을 차세대 먹거리로 꾸준히 강조해 왔다. 네이버가 주력 사업으로 삼고 있는 검색과 콘텐츠 분야에서 인공지능 기술이 무엇보다 중요하기 때문이다.

네이버 인공지능 플랫폼 이름은 클로바다. 기계가 텍스트를 음성으로 바꾸는 형태의 TTS_{Text to Speech} 서비스인 클로바더빙은 목소리를 별도로 녹음하지 않고도 텍스트만 입력하면 사람이 직접 읽는 듯한 목소리로 더빙돼 나온다. 예를 들어 과거 네이버의 뉴스 탭에서 '본문 읽기'를 누르면 기계가 만들어내는 음질임을 단번에 알 수 있었지만 클로바더빙을 활용하면 기계음인지, 사람이 직접 녹음한 것인지 분간하기 어려울 정도다. 그만큼 자연스러운 억양과 감정으로 선명하게 전달한다. 텍스트는 자동으로 음성으로 바뀌고, 영상에는 텍스트가 자막으로 삽입된다. 자막으로 삽입된 텍스트를 요약해 영상에 붙이는 기능도 지원한다.

과거에는 합성음을 어학사전, 뉴스 본문 듣기 등에만 사용했다면, 클로바더빙을 활용해서는 본인이 쓰고 싶은 어떤 텍스트로도 합성음을 손쉽게 만들 수 있다. 특히 성인과 아이, 남성과 여성, 기쁨과 슬픔 등 연령과 성별, 감정까지 포괄하는 합성음이 가능하다.

기계가 사람 목소리를 흉내 내기 위해서는 음성인식 기술이 요구된다. TTS 기술을 구현하기 위해 이미 녹음한 사람 목소리를 쪼개 데이터베이스를 구축하고, 음성 엔진에 텍스트가 입력되면 데이터베이스에서 문장에 걸맞은 목소리 조각을 찾아 조합한다. 네이버가 자체 개발한 하이브리드 음성합성_{HDTS} 기술을 활용하면 자연스러운 목소리 구현이 가능하다.

네이버는 2020년 뉴스 기사 '본문 읽기' 서비스에 오상진 전 아나

운서의 목소리를 기반으로 개발한 인공지능 앵커를 적용했다. 합성음이 오 전 아나운서의 원음보다 더 나은 음질을 보여줬다는 평가도 나왔다. 특히 코로나19가 장기화되자 교육 현장에서 클로바더빙 활용도도 커졌다. 교사들이 온라인 강의를 진행하면서 시청각 자료를 만들 때 어색한 자신의 목소리로 녹음하지 않고, 클로바더빙을 이용하면 더빙과 자막이 붙은 영상을 쉽게 만들 수 있다.

향후 음성이 필요한 소상공인, 기업의 사내방송, 네이버 지도, 인공지능 스피커 등 다양한 용도에 쓰일 수 있게 된다. 궁극적으로는 누구나 자기 목소리를 공유해서 쓰는 '보이스마켓' 시대도 열 수 있게 될 것이다.

네이버는 광학문자판독장치OCR 기술이 접목된 인공지능 스마트 조명 클로바 램프노 출시했다. 클로바 램프는 이미지 속 문자를 손쉽게 디지털화하는 OCR 기술이 집약된 조명 타입의 스마트 기기다. 아이에게 즐거운 독서습관을 길러주는 데 중점을 두고 개발됐는데, 한글이나 영어로 된 어떤 책이든 램프 아래 펼쳐 놓으면 해당되는 페이지의 글자를 읽어준다.

OCR 기술은 네이버 글레이스 CIC가 주도하는 영수증 리뷰 사업을 통해서도 한층 더 강화됐다. 영수증을 스마트폰으로 찍어 올리면, 네이버만의 OCR 기술을 통해 영수증에 들어간 문자를 손쉽게 디지털화한다. 영수증 리뷰 서비스는 출시 10개월 만인 2020년 8월, 1억 건을 돌파했다.

이 밖에도 네이버 클로바의 인공지능 기술 클로바 케어콜은 전국 곳곳의 방역현장에서 의료진을 돕는 역할을 한다. 각 지자체 내 보건소에 도입된 클로바 케어콜은 해당 지역 내 능동감시대상자들에게 매일 두 차례씩 자동으로 전화를 건다. 발열, 체온, 기타 증세 등을 묻는다. 인공지능으로 단순 전화상담 모니터링 업무를 대체하는 것인데, 현장 의료진들이 보다 신속하고 효율적으로 사전조치를 할수 있도록 돕고 있다. 수도권을 중심으로 지역적 감염이 확산되었던 2020년 11월, 성남시에 도입된 클로바 케어콜은 하루 최고 3,000여건의 전화 상담을 대신했다.

전 세계 인공지능 연구 벨트 조성한 네이버

네이버는 특히 한국, 일본, 유럽, 베트남을 잇는 인공지능 연구 벨트를 조성해 인공지능연구에 힘을 모으고 있다. 네이버가 인공지능연구 벨트 계획을 밝힌 것은 2019년 10월 개발자 행사에서다. 한국과 일본, 베트남(동남아시아)을 거쳐 프랑스(유럽)까지 하나의 연구 네트워크로 묶는 것이다. 인공지능 연구 벨트를 통해 학계, 스타트업, 연구기관 등 국경을 초월한 기술·인재 교류를 촉진하고 시너지를 극대화한다는 계획이다.

특히 프랑스에서는 네이버 조직인 네이버랩스유럽이 주요 거점으로 선정됐고, 2020년 7월에는 글로벌 인공지능 연구 벨트의 파트너로 베트남 하노이과학기술대HUST를 선정했다. 1956년 설립된 HUST는 현재 석·박사 1,700여 명을 포함해 3만 4,300여 명의 학생이 재학 중인 베트남 명문 공과대학이다.

게다가 네이버는 2020년 10월 중장기 선행 인공지능 연구를 위한 별도 조직인 네이버 AI랩도 만들었다. 해당 랩은 클로바 CIC에서 인공지능 선행 기술을 연구하던 리서치 그룹을 분리해 규모를 확대했다. 연구 인력도 대폭 채용한다. 서울대, KAIST, 연세대 등 국내 유수 대학과 함께 산학 협동 프로젝트를 확대하며 연구를 이어나간다. 연구 결과는 네이버 내 다른 연구 조직들과의 공유를 통해 시너지를 높이고 검색 등 다양한 서비스에 적용한다.

초거대 인공지능 언어 모델 개발을 위한 기술 개발 투자에도 힘쓰고 있다. 네이버는 700페타플롭스PF(초당 1,000조 번 연산) 이상의 성능을 갖춘 국내 최고 수준의 슈퍼컴퓨터를 구축한다고 2020년 10월 발표했는데, 이는 한국어와 일본어에 대한 초거대 인공지능 언어 모델을 개발하는 것이다. 초거대 인공지능 언어 모델은 인공지능 스피커, 동시통역, 인공지능 글쓰기 등 언어를 다루는 대부분의 영역에 적용되는 언어 생성 인공지능 기술이다. 인공지능 기술 수준을 한 단계 끌어올릴 수 있을 전망이다.

네이버 인공지능 - 로봇, 인공지능, 클라우드

카카오가 만들어가는
인공지능의 미래

　30대 송민석(가명) 씨는 집에서 카카오의 스마트홈 기능을 쓴다. "헤이 카카오, 거실에 에어컨 켜줘", "헤이 카카오, 커튼 닫아줘" 등 한 마디에 인공지능 스피커 카카오미니가 작동된다. 카카오미니가 대답한다. "네 에어컨을 켜드릴게요", "네 커튼 닫아 드릴게요"라고 말하며 거실 에어컨을 켜고 온도를 조절해주고, 커튼을 열었다가 닫았다가 한다. 집 안이 춥게 느껴질 때 카카오 호출만으로 집 안의 온도도 올릴 수 있다. 외출할 때도 카카오미니에 "엘리베이터 불러줘"라고 말을 걸면 된다. "네. 엘리베이터를 불러 드릴게요"라는 대답이 끝남과 동시에 1층에 있던 엘리베이터는 내가 사는 층까지 자동으로 올라온다.

카카오 인공지능 기술의 집약체인 카카오 i가 탑재된 스마트홈 서비스

사진: 카카오

　송 씨의 자동차에도 카카오 i를 기반으로 한 인공지능 기술이 탑재돼있다. 음성인식 단추 버튼을 누르고 "헤이 카카오"라고 부른 뒤 "오늘 날씨 알려줘"라고 물었다. 카카오미니가 대답한다. "예. 오늘 날씨 알려드릴게요. 오늘 날씨는 어제보다 쌀쌀한데요. 아침 최저 기온은 0도, 낮 최고 기온은 13도입니다." 차량 안의 에어컨을 켜거나 온열 시트를 작동시키는 일도 카카오를 찾기만 하면 된다.

___

카카오의 인공지능 파트너, 카카오엔터프라이즈

　앞의 사례는 카카오 인공지능 기술의 집약체인 카카오 i가 집이나

가전과 연결되면 가능한 현실이다. 먼 미래가 아니다. 이미 카카오 i를 주택과 자동차에 탑재하고 있다. 현대자동차, 포스코건설, GS건설, 롯데정보통신, 삼성전자 등과의 제휴로 관련 사업을 시작하기 위한 물꼬를 텄다. 자동차와 아파트, 가전, 홈서비스 등 다양한 영역에 인공지능 기술을 도입 중이다.

카카오 i 기반의 스마트홈 시스템을 아파트에 빌트인으로 탑재시키면 아파트 시설과 집안의 가전제품을 손쉽게 제어할 수 있다. 카카오 i를 도입한 주민은 카카오홈 앱만 설치하면 간단한 음성 명령으로 삶의 편의성이 높아진다. "거실 온도 올려줘", "엘리베이터 불러줘" 등과 같은 음성 명령으로 편리함이 느껴진다. 자동차에 카카오 i를 연동하면 말 한마디로 길 안내를 받거나, 히터를 조절할 수도 있다.

특히 삼성전자와의 협업으로 인공지능 미래는 더욱 구체화됐다. 2021년 2월 카카오엔터프라이즈는 삼성전자와 IoT 사업 협력 계약을 체결했다. 삼성전자의 대표적인 가전 영역과 카카오가 서로 손을 잡은 것이다. 이번 협력으로 고객들은 삼성전자의 식기세척기, 에어드레서, 에어컨, 냉장고 등 가전제품을 차례로 카카오의 플랫폼과 연결할 수 있게 됐다. 카카오의 플랫폼은 스마트홈 플랫폼 카카오홈 앱과 헤이카카오 앱, 스마트 스피커 카카오미니와 미니헥사, 스마트 디바이스 미니링크, 카카오홈 카카오톡 채널을 통해 모두 연결할 수 있다. 사실상 카카오 i 서비스가 이뤄지는 모든 디바이스와의 연결이 가능하게 된 것이다.

간단한 음성명령으로 전자제품을 통제하고 난 뒤, 관련 지시가 완료되면 "세탁이 종료되었어요", "공기청정기 필터 수명이 10% 남아 있어요" 등의 유용한 알림도 받을 수 있다.

카카오 인공지능 기술의 집약체인 카카오 i는 현재 카카오맵과 카카오내비·택시 등 자체 서비스에 적용된다. 카카오는 인공지능 플랫폼 영향력을 확대해 카카오 생태계를 조성하는 게 목표다.

카카오의 인공지능 전문성 강화를 위해 카카오 내부에서 인공지능 기술과 서비스를 주도하는 회사는 두 회사가 있다. 카카오엔터프라이즈와 카카오브레인이다.

먼저 카카오엔터프라이즈는 카카오 본사 내부 사내 독립기업인 AI랩이 분사돼 설립된 회사다. 인공지능, 검색 등과 관련한 B2B 솔루션을 제공한다. 김범수 의장은 2018년 해외 사업 동향을 파악하면서 MS, 아마존, 세일즈포스 등 미국 초대형 IT 기업들의 성장 동력에 B2B 사업이 있다는 사실을 깨달았다. 이후 김 의장은 백상엽 당시 LG CNS 미래전략사업부장을 2019년 영입한다. 이후 백 대표에게 카카오 사내기업인 AI랩을 맡겼다. 이 조직은 2019년 말 카카오엔터프라이즈로 분사 독립했다.

2020년 9월 출시한 기업용 업무 메신저 '카카오워크'는 카카오엔터프라이즈의 B2B 시장 진출에 대한 의지를 담아 만들어낸 첫 작품이다. 사용자들에게 친숙한 카카오톡 이용자의 사생활과 업무를 분리하기 위해 별도 업무 공간인 카카오워크를 마련했다. 카카오톡의 사용자 인터페이스를 활용해 별도의 사전 학습이나 개발 작업 없이도 손쉽게 사용 가능한 업무 플랫폼을 표방했고, 카카오워크가 탄생했다. 백상엽 대표는 "개인 대화와 업무적인 대화가 하나의 플랫폼에 혼재돼 사생활과 업무가 분리되지 않는다는 어려움을 해결하겠다. 일은 카카오워크에서, 일상생활은 카카오톡에서 함께하는 구도가 될 것"이라고 강조했다. 특히 카카오워크는 과거 대화나 자료를 손쉽게 찾을 수 있는 통합 검색 기능과 기업용 종단 간 암호화 기반 메시징을 포함한 종합 보안 시스템을 장점으로 내세웠다. 기업에서 이미 쓰고 있는 자체 이메일이나 각종 업무 도구와도 손쉽게 연결해 쓸 수 있도록 기술적으로 고도화했다.

카카오엔터프라이즈는 시장 안팎에서도 관심이 많다. 출범 이후 최근까지 기업 파트너들과 업무협약을 맺어왔다. 짧은 업력에도 굵직한 고객사와 함께 손을 잡았다. 대표적인 게 한국은행과 산업은행이다. 2020년 6월 한국은행은 카카오엔터프라이즈와 전략적 MOU를 맺었는데, 한은 창립 70주년 만에 처음으로 민간 기업과 협업한 사례다. 카카오엔터프라이즈는 기계번역기술을 활용한 문서 번역, STT_{Speech To Text} 기술을 활용한 회의록 작성, 인공지능 큐레이터 등을 개발한다.

2021년 1월에는 자회사로 분사한 지 1년 만에 산업은행이 1,000억 원을 투자했다. 이동걸 산은 회장은 "국내 혁신 기업에 대한 산업은행의 최대 규모 스케일업 투자이며, 국내 자본을 통한 혁신 산업

육성에 나섰다는 의미가 있다"고 평가했다. 이 밖에도 특허청, NH투자증권, 에버랜드, 교보생명, KBS, 코맥스 등 다양한 기업 파트너들과 업무협약을 체결하며 가전, 문화, 레저, 헬스케어, 금융, 물류 등 다양한 산업의 디지털 전환을 지원하고 있다.

카카오의 인공지능 파트너, 카카오브레인

카카오브레인 웹사이트에 접속하면 카카오브레인만의 성격이 드러나는 슬로건이 쓰여 있다. "인간처럼 생각하고, 행동하는 '지능'을 통해 인류가 이제까지 풀지 못했던 난제에 도전합니다"이다. 카카오브레인은 2017년 2월 김범수 의장이 직접 설립한 뒤 대표를 맡으면서 신경 쓴 인공지능 연구개발 전문 자회사다. 현재 브레인 클라우드, 메타러닝, 영상, 음성, 자연어처리NLP 등 다양한 분야에서 인공지능 기술 개발을 진행하고 있다. 초기 자본금 200억 원으로 설립됐다. 카카오브레인은 신속하고 독립적인 의사결정을 바탕으로 개발에 전념한다는 일념으로 자회사로 독립했다.

김 의장은 카카오브레인에 돈을 벌어오지 않아도 된다는 특명을 한 것으로 전해진다. 실제 연구에만 집중하라는 배려였다. 아직도 베일에 감춰져 있는 구석이 많지만, 최근 개발된 인공지능 기술이 외부 사업에 적용되며 움직임을 더하고 있다. 2020년 6월 포즈Pose(자세분석) API를 유료 공개한 것이 그 성과다.

카카오브레인의 포즈 API는 인공지능으로 이미지나 영상을 분석해 사람의 특정 자세를 추출해낸다. 특정 이미지에서 사람을 찾은 뒤 눈, 코, 어깨, 팔꿈치, 손목, 골반, 무릎, 발목 등 총 17개 키포인트를 추출해 사람 자세를 분석한다. 사진이 아닌 동영상에서도 시간대별로 사람 자세를 분석하는 것이 가능하다. 해당 기술을 활용하면 홈 트레이닝 서비스에서 사용자 자세를 교정하거나, 사진 속 인물과 같은 자세를 취한 캐릭터를 그리는 기능 등을 구현할 수 있다. 카카오VX는 자사의 스마트홈트 앱에 해당 기술을 적용했다. 실시간으로 이용자의 관절 움직임을 추출해 분석한 뒤 올바른 운동 자세를 추천해주기 위해서다.

카카오 인공지능 - 스마트홈, 스마트기, 인공지능

4차 산업혁명 마중물은 데이터, 데이터를 잡아라

2020년 7월, 한성숙 네이버 대표는 '한국판 뉴딜 국민보고대회'에 참여했다. 한 대표는 강원도 춘천에 위치한 네이버 데이터센터 '각'의 서버를 뒤로 한 채 발표했고, 인터넷 기업 대표로서 디지털 뉴딜 사업에 임하는 각오를 피력했다. 한 대표는 "인공지능 기술로 분석·가공한 데이터를 클라우드로 제공해 4차 산업혁명 마중물을 마련하겠다. 네이버는 데이터의 가능성과 소중함을 누구보다 잘 알고 있다. 데이터를 통해 사회 발전에 기여하고자 한다"라고 강조했다.

특히 한 대표는 네이버 데이터센터 각을 20년간 네이버 사용자의 데이터를 모아 온 데이터 댐이라고 밝혔다. 그는 "이곳에 모인 데이터가 네이버 온라인 가게인 스마트 스토어에서 물건을 파는 40만 소상공인에 도움이 되고 있다. 스마트 스토어 거래가 늘면서 손님의 연령별 인기 상품과 지역별 구매 상품 등 가치 있는 데이터가 생겨나고 있다. 소상공인에 인공지능 기술을 더한 빅데이터 기반 통계를 제공해 사업을 돕고 이를 통해 새로운 일자리까지 만들어내고 있다"라고 설명했다.

미래의 데이터센터는 그 자체로 브레인Brain 센터로 기능할 것이라고도 했다. 과거의 데이터센터가 기록과 저장에만 충실했지만, 미래의 데이터센터는 클라우드 기술과 결합하면 실시간 연산과 분석 등 로봇의 실제 두뇌 역할을 할 수 있다는 것이다. 한 대표는 "로봇의 두뇌가 기계 안이 아닌 데이터센터 서버에 존재하게 될 것이다. 로봇을 저렴하고 작게 만든 후 일상에서 활용하도록 도울 수 있다"고 설명했다. 한 대표의 구상은 이미 네이버 제2사옥에서 클라우드 기반 로봇 시스템을 통해 구현된다. 네이버가 입주하게 될 2사옥에는 실내 자율주행 로봇들의 뇌는 클라우드 상에 놓인 채로 가벼운 몸집으로 사옥 안을 돌아다닐 전망이다.

천문학적 예산 들이는 하이퍼스케일 데이터센터

네이버와 카카오는 수천억 원의 천문학적인 예산을 투입하며 10만 대 수준의 서버 관리가 가능한 하이퍼스케일 데이터센터IDC 구축에 속도를 내고 있다. 신규 투자 사업비만 네이버 6,500억 원, 카카오

4,000억 원 등 합계 1조 5,000억 원이 훌쩍 넘는다. 이들 기업이 제2 데이터센터 건립 등 확장에 힘을 쏟는 것은 아마존웹서비스AWS, 마이크로소프트 애저MS Azure, 구글, 오라클 등 해외 기업이 국내 클라우드 시장을 장악하고 있다는 위기감에서 비롯한다. 데이터 총생산량이 세계 5위권인 데이터 생산국임에도 국내 클라우드 시장의 70%는 외국계 기업이 차지하고 있다는 점에서, 데이터센터 구축을 통해 클라우드에서 돌파구를 모색하겠다는 것이다.

국내 대형 ICT 기업들은 서버, 네트워크, 네트워크 기기 등을 제공하는 통합 관리 시설인 데이터센터 확충에 전방위적 자원을 투입하고 있다. 특히 최소 10만 대 수준의 서버 운영과 2만 2,500㎡ 이상의 규모, 데이터센터의 시스템·메모리·네트워크·스토리지를 확장할 능력을 갖춘 하이퍼스케일 데이터센터 신축에 나서고 있다. 미국과 중국, 호주, 독일 등 전 세계에는 500여 개의 하이퍼스케일 데이터센터가 운영되고 있지만, 국내는 턱없이 모자라다. 업계 관계자는 "하이퍼스케일 데이터센터는 수만 개의 서버가 초고속 네트워크를 통해 함께 움직인다. 소프트웨어를 통한 분산처리 방식을 도입해 고객사별로 맞춤형 솔루션 제공도 가능하다"고 설명했다.

네이버는 2013년 강원도 춘천에 설립한 데이터센터 '각 춘천'에 이어 세종에 두 번째 데이터센터인 '각 세종'을 짓고 있다. 신규 투자 금액만 네이버 전체 자본 대비 11%인 6,500억 원이 투입되는 세종 데이터센터는 2022년 말 완공된다. 각 세종은 대지 약 29만 7,000㎡

네이버가 2013년 강원도 춘천에 설립한 데이터센터 '각 춘천'

(9만 평)에 총 건축면적 4만 594㎡(1만 2,000평) 규모로 지어진다. 네이버가 국내 인터넷 기업 최초로 설립한 첫 번째 데이터센터인 '각 춘천'보다 6배나 더 크다.

네이버가 아시아 최대 규모로 데이터센터를 짓는 이유는 국내 기업들의 데이터 주권 차원에서 접근된다. 한국은행과 코레일, 중앙선거관리위원회 등 국내 주요 기업들이 네이버클라우드 고객사인데, 이들 정보 일체가 데이터센터에 저장되기 때문이다. '각 세종'은 약 29만 3,697㎡ 부지로, 이 중 첫 건축 면적은 4만 594.31㎡다. 서버와 운영지원 시설을 포함하고 있다.

한편 카카오는 2020년 9월 경기도 안산시와 한양대 에리카 캠퍼스 등과 손잡고 자사의 첫 번째 데이터센터를 구축하기로 했다. 총 사업투자비만 4,000억 원인 데이터센터는 전산동 건물 안에 12만 대의 서버가 들어갈 수 있는 하이퍼스케일로 짓게 된다. 저장 가능한 데이터의 양만 6엑사바이트EB에 달하는데, 이는 장서 900만 권을 소장한 국립중앙도서관 63만 개의 네이디를 모두 담을 수 있는 정도다.

카카오가 안산을 점찍은 것은 수도권에서 접근성이 높고, 분당과 판교 지역에 다수의 ICT 기업이 위치해 있는 게 작용했다. 근거리에서 영업과 업무 관련 소통이 가능한 곳을 골랐다는 얘기다. 또 한양대 에리카 캠퍼스 주변으로 소규모 첨단산업단지가 조성 중인 것도 지역 혁신 성장의 거점으로 만들어갈 수 있다는 점에서 미래를 봤다.

그동안 카카오는 KT의 목동 IDC 등 통신사나 IT서비스 업체 센터에 서버를 맡겨왔다. 하지만 카카오톡 안에서 구동되는 각종 서비스가 늘어나면서 카카오톡 버그 발생 등 불통 사태가 다수 벌어졌다. 카카오는 직접 데이터센터를 꾸리면 안정적인 서비스를 제공할 수 있을 것이라 기대하고 있다. 카카오엔터프라이즈를 중심으로 한 클라우드 기반 B2B 사업 확장 비전도 데이터센터 건립의 또 다른 이유다. 카카오는 더 나아가 서비스형 플랫폼PaaS과 서비스형 소프트웨어 플랫폼SaaS인 카카오 i 클라우드 확장을 계획하고 있다.

뽑고 싶어도 개발자가 없다, 턱없이 모자란 데이터 전문가

한성숙 네이버 대표와 여민수 카카오 공동대표는 2020년 11월 정세균 국무총리를 만난 자리에서 데이터 인력난을 호소했다. 2014년부터 2018년까지 데이터 전문인력 증가율을 보면 미국은 400만 명이 증가하고, 유럽은 140만 명이 증가한 데 비해 한국은 5만 명의 증가에 지나지 않았을 정도로 한국은 뽑고 싶어도 개발자가 없는 상황이다.

한 대표는 "미국은 말할 것도 없고 중국 알리바바 한 회사가 갖고 있는 인력 규모를 우리나라 전체 인력으로 봐도 될 만큼 심각하다. 인력을 어떻게 빠르게 육성해낼 것인가가 굉장히 중요하다"며 인력난을 토로했다. 특히 그는 "국내 대학 입학 정원 제약도 있고, 데이터 사이언스 대학원이라고 해도 몇십 명 단위인데 미국은 수백 명, 수천 명을 길러내는 상황이다. 규제도 그렇지만 인력 부족 문제가 심각하고 뽑고 싶어도 뽑을 개발자가 없는 상황이라 경쟁력 측면에서 이 과제가 굉장히 중요하다"고 지적했다.

여민수 대표도 "데이터는 많고, 분석 장비는 돈 주고 사면 되는데 인공지능이 인간이 수행하는 일 자체를 효율적으로 도울 수 있을 정도로 가기 위해서는 데이터를 이해하고, 가공하고, 분석하고, 적용할 수 있는 사람들, 즉 브리지가 필요하다"고 밝혔다.

N vs 💬

제2의 네이버와 카카오를 찾아라

스타트업들은 저마다 제2의 네이버와 카카오를 꿈꾼다. 직접 네이버와 카카오가 되거나, 네이버와 카카오의 투자를 받아 이들 기업과 접점을 모색하길 바란다.

네이버의 스타트업 엑셀러레이팅을 맡고 있는 네이버 D2SF(D2스타트업팩토리)의 양상환 센터장은 네이버가 투자하는 회사에 대해 이렇게 설명했다. "자율주행, 인공지능, 빅데이터 등 고도화된 기술을 개발하는 스타트업에 투자하는 것을 좋아한다. 또한 아직 시장이 형성되지 않았어도 우리 사회에 꼭 하나쯤은 있어야 하는 스타트업도 중요하다. 꼭 있어야만 하는 당위성을 가진 스타트업은 세상의 변화를 가져오는 촉매 역할을 한다는 강한 믿음이 있다"라고 했다.

네이버가 투자하는 회사의 기준은 기술을 가진 회사, 네이버의 서비스와 접점을 가진 회사, 시장이 형성되지 않았으나 있어야만 하는 회사 등 3가지다. 실제로 네이버가 육성하는 기업들을 살펴보면 주로 고도화된 기술을 개발하는 스타트업이 많다. 자율주행, 인공지능, 데이터, 하드웨어 등 기술 기반 기업이 주요 투자 대상으로 선정된다. 네이버에는 사내독립기업CIC이 많은데, 이들이 스타트업과의 협력을 강하게 원하고, 한 덩치로 뭉쳐 있을 때 몰랐던 결핍이 CIC로 작동하면서 불거지게 된다고 했다.

네이버와 협력한 대표적인 스타트업은 2017년 네이버가 투자에 나섰던 크라우드웍스다. 크라우드웍스는 자체 개발한 크라우드 소싱 플랫폼을 활용해 인공지능 품질 고도화에 필요한 데이터를 수집·처리한다. 특히 네이버와 3년 동안 함께한 프로젝트만 350개에 달할 정도로 투자 이후에 후속 작업이 뒤따랐다. 실제로 크라우드웍스는 네이버 클로바, 파파고를 활용한 다국어 작업, 사진에서 문자를 인식하게 하는 OCR 작업 등 무수한 작업을 했다. 3년간 2,500만 건의 데이터를 처리했다.

네이버 D2SF가 투자한 기업의 10곳 중 4곳은 인공지능, 2곳은 디지털 헬스케어, 1곳은 모빌리티다. 그 밖에 AR·VR 기업에도 투자했다. 네이버는 스타트업 투자에서 '10년 뒤 미래에 네이버와 투자한 스타트업이 각각의 장점을 발휘해 시너지를 낼 수 있느냐'를 고민한다. 빅데이터가 화두가 될 미래에 데이터 분석 기술을 기반으로 시장을 형성할 수 있는 스타트업과의 협업이 장기적 차원에서 네이버의 성장에 도움이 된다는 애기다. 양상환 센터장은 "네이버와 스타트업이 함께 일을 도모하는 데는 짧게는 6개월, 길게는 2~3년이 걸린다. 단기적 성과로는 돌아오지 않는다. 네이버와 스타트업이 교차하는 지점을 생각하면서 장기적인 관점에서 일을 도모해야 한다. 대기업이 가지고 있는 DNA와 스타트업의 DNA가 다르기 때문"이라고 설명했다.

해외 투자 선봉에 선 네이버 이해진

네이버는 2021년 2월 스페인 이커머스 업체 왈라팝에 약 1,500억 원을 투자했다. 개인 간 중고 거래에 주로 쓰이는 것으로 알려진 왈라팝은 쉽게 말해 스페인판 당근마켓이다. 외신에 따르면 네이버는 유럽 스타트업 투자 펀드 K-펀드를 통해 왈라팝에 1억 1,500만 유로 (1,555억 원)를 간접 투자했다. 왈라팝은 스페인에서 활발하게 이용하는 이커머스 앱으로, 2013년부터 시작한 왈라팝의 이용자는 스페인 인구의 절반인 1,500만 명에 달한다.

네이버는 2016년 출자한 K-펀드를 통해 유럽 스타트업에 투자하고 있다. K펀드는 플뢰르 펠르랭 전 프랑스 문화부 장관이 설립한 벤처캐피털 코렐리아캐피털이 운용하는 펀드다. 네이버의 유럽 시장 공략을 직접 관장하는 사람은 바로 다름 아닌 이해진 GIO다. 이

GIO는 2017년에 이사회 의장직에서 물러난 뒤 유럽 중심으로 해외 투자를 담당해왔다. 특히 그는 2016년 자회사 라인의 일본 도쿄증시 상장 기자간담회에서 라인 상장으로 확보한 자금 1조 5,000억 원으로 북미와 유럽 지역 투자에 나서겠다고 밝히기도 했다. 이 GIO는 "지금까지 라인은 일본과 동남아시아를 지키는 데 주력했다. 앞으로는 유럽과 북미가 우리가 도전해야 하는 꿈의 시장이 될 것"이라고 강조했다.

2017년 네이버가 '제록스리서치센터유럽'을 깜짝 인수하기로 발표한 것도 이 GIO의 판단에서 비롯했다. 제록스리서치센터유럽은 당시 80여 명의 우수한 인공지능 연구진을 보유한 유럽 최대 규모의 인공지능연구소였다. 현재는 '네이버랩스유럽'으로 이름을 바꿨다.

스타트업은 많으면 많을수록 좋다

김범수 카카오 이사회 의장은 스타트업 투자에 대한 의지가 크다. 그는 2021년 2월 사내간담회에서 "스타트업이 많으면 많을수록 좋을 것 같다. 스타트업을 지원하는 구조가 계속 나와야 한다. 언젠가는 카카오 구성원의 자녀들이 카카오 안에서 혹은 스타트업에서 빠르게 자리를 잡고 직접 경영할 수 있는 구조가 나오면 좋을 것 같다. 스타트업이 내가 가는 진로의 옵션이 됐으면 좋겠다. 지금은 좋은 대학 나와 좋은 직장 가는 것이 목표인데, 다양한 진로의 방향이 만들어지는 구조가 됐으면 한다"고 밝혔다.

　김 의장의 스타트업 육성에 대한 의지는 카카오의 스타트업 투자 전진기지 카카오벤처스와 카카오인베스트먼트로 그대로 이식돼 있다. 가카오벤처스, 카카오인베스트먼트 등 2개 VC 자회사를 기초로 한 투자 건수만 200여 개가 훌쩍 넘었다.

　카카오의 투자 스타일은 스타트업 생태계를 키우는 방향으로 진행된다. 때문에 극초기 팀이라고 하더라도 사업의 아이디어와 가능성만으로 투자에 나선다. 주로 카카오벤처스는 시리즈A급 성장 단계의 스타트업에 투자하고, 카카오인베스트먼트는 본격 확장 단계Growth의 후기 스타트업에 투자해 인수합병이나 기업공개 등 엑시트 기회를 제공한다.

　생태계를 키우기 위해서는 단순 투자금 지원 외에도 스타트업 간 네트워킹 문화를 만들어야 한다. 카카오는 투자한 기업을 패밀리라고 칭하며 지속적인 네트워킹 기회를 제공한다. 월 1회 이상 네트워킹 모임인 패밀리데이 등을 기획해 카카오의 사업 노하우를 공유하고 포트폴리오사 CEO가 갖는 고민을 교류하는 장을 마련한다.

　카카오의 투자를 받은 유명 스타트업은 꽤 많다. OTT 업체 왓챠는 2012년 5월 카카오벤처스의 8억 원 투자가 가장 극초기 투자였다. 이후 시리즈A 27억 원, 2016년 시리즈B 55억 원, 2018년 시리즈C 140억 원에 이어 2020년에도 190억 원의 투자를 유치했다. 카카오가 뿌린 씨앗으로 누적 투자 금액만 420억 원에 달하는 토종 OTT

카카오의 투자 자회사 카카오벤처스가 초기 투자한 중고거래 1위 플랫폼 당근마켓

기업으로 성장한 것이다.

이커머스 업체로 독보적인 성장률을 기록 중인 1위 중고거래 플랫폼 당근마켓도 카카오벤처스로부터 2015년 13억 원의 초기 투자를 받았다. 카카오 사내 게시판에서 출발한 당근마켓이었기에 카카오벤처스가 더욱 유념하여 지켜봤고, 초기 투자 이후에도 전폭적인 지원을 아끼지 않았다. 2020년 거래액 1조 원을 돌파한 취향 기반 중고거래 플랫폼 번개장터도 카카오인베스트먼트의 투자를 받았다. 이 밖에 카카오벤처스의 성공적인 투자 사례 중에는 2016년 코스닥에 상장한 넵튠도 있다. 넵튠은 프렌즈사천성과 퍼즐탄탄 등의 게임을 개발한 개발사다. 이 회사에 초기 투자와 후속 투자를 지속했던 카카오

벤처스는 상장 당시 10배 이상의 수익을 냈다.

　카카오 본사 차원에서 직접 투자와 인수를 통해 자사 사업 강화에 나서는 사례도 있다. 카카오는 일찌감치 내비게이션 앱 김기사를 서비스하던 록앤올을 인수하며 모빌리티 사업 역량을 강화했고, 이후 김기사는 500만 명의 MAU를 보유한 국내 2위 내비게이션 앱 카카오내비로 성장했다.

에필로그

"네이버와 카카오가 물건을 만들어 판매하는 제조사도 아닌데 이 정도로 높은 기업가치로 평가받는 게 말이 돼요?"

네이버와 카카오의 기업가치에 거품이 끼어 있다고 얘기하는 사람들은 눈에 보이는 것을 판매하지 않는다는 이유로 이들 기업을 평가 절하한다. 하지만 이 책을 끝까지 다 읽었다면 생각이 달라졌을 것이다. 네이버와 카카오는 높게 평가된 게 아니다. 지금도 저평가돼 있다.

네이버와 카카오는 플랫폼으로서 상품과 서비스를 중개하고, 플레이어로서 상품과 서비스를 판매하고 있다. 이들은 스스로 플랫폼이자 콘텐츠다. 쇼핑과 금융, 콘텐츠, 미디어, 인공지능과 클라우드 등 모든 분야로 뻗쳐 있다. 세상의 모든 분야에서 매출과 이익을 만들고 가치를 나눈다. 국내에서 성공적으로 사업을 확장한 뒤에는 세계로 방향을 틀었다. 미국과 일본, 중국 등 전 세계 곳곳에서 한국의 이야기를 판다. 1999년 인터넷 업계가 본격 태동한 뒤 딱 20여 년 만의 일이다.

"네이버와 카카오가 독점 기업으로 시장을 장악해가고 있는데, 이건 말이 돼요?"

2020년 6월 기준 네이버의 국내 검색 시장 점유율은 57.3%이다. 만 6세 이상 메신저 이용자 중 99.2%는 카카오톡을 사용한다. 압도적인 비율로 보인다. 하지만 전 세계 200개가 넘는 나라 중 유일하게 자국의 검색 도구와 메신저를 쓰는 나라가 바로 대한민국이다. 2020년 코로나19 상황과 방역 진행 현황 정보를 어떤 나라보다 빠르게 취합할 수 있었던 것도 네이버와 카카오 덕이었다. 이들이 만든 QR 인증으로 국민은 간단하게 방역에 기여한다.

전 세계는 이미 글로벌 빅테크 기업의 손아귀에 있다. 2020년 기준 구글의 전 세계 검색엔진 점유율은 92.54%로 모든 나라를 장악 중이고, 페이스북 메신저를 이용하는 세계 인구는 28억 명에 육박한다. 더 나아가 새로운 검색 도구와 메신저로 무장한 해외 기업들이 끊임없이 한국의 문을 두드린다. 신기술과 거대자본을 기반으로 한국 고객의 마음을 사로잡기 위한 구애 작전을 펼치고 있다.

물론 네이버와 카카오의 사업 확장이 국내 여타 산업과 공정한 경쟁으로 꾸려지고 있느냐는 중요한 문제다. 네이버와 카카오라는 플랫폼 기업이 만들어내는 가치를 모든 국민이 제대로 누리고 있는지도 면밀히 살펴야 한다. 하지만 국내 거대 플랫폼 기업이라는 이유만으로 돌을 던지는 건 가혹하다. 한참 돌을 던진 후에 만나는 것은 구글, 페이스북, 아마존, 애플일 수 있다. 비용과 편익을 제대로 따져보자는 얘기다.

"그러니 알겠고, 그럼 네이버와 카카오 중에 어떤 주식 사면 돼요?"

2020년에도, 2021년에도 계속 듣고 있는 질문이다. 예전에는 이들 기업의 성장 모멘텀을 설명해주는 것으로 갈음했다면, 요새는 직접 찍어준다. "네이버 1주, 카카오 1주 이렇게 1주씩 사 모으세요. 네이버와 카카오가 10년 뒤에 지금보다 더 큰 기업으로 성장할 것이라는 데는 의심의 여지가 없잖아요?" 네이버와 카카오가 전 세계를 제패하는 기업으로 성장하길 바란다. 북미와 남미, 유럽과 아시아, 아프리카에 이르기까지 전 세계인 모두가 네이버와 카카오의 서비스를 이용하는 날이 머지않았다.

네이버 vs 카카오

초판 1쇄 2021년 5월 20일
초판 8쇄 2021년 11월 25일

지은이 홍성용
펴낸이 서정희
펴낸곳 매경출판(주)
책임편집 고원상
마케팅 강윤현 이진희 장하라
디자인 김신아
         명문기획 박애경

매경출판(주)
등록 2003년 4월 24일(No. 2-3759)
주소 (04557) 서울시 중구 충무로 2(필동1가) 매일경제 별관 2층 매경출판(주)
홈페이지 www.mkbook.co.kr
전화 02)2000-2632(기획편집) 02)2000-2636(마케팅) 02)2000-2606(구입 문의)
팩스 02)2000-2609 **이메일** publish@mk.co.kr
인쇄·제본 (주)M-print 031)8071-0961
ISBN 979-11-6484-248-3(03320)